AF667421

Dieter Heri Mader

Algoma - die letzte Religion

Es gibt keine schlechte Religion.

Es gibt nur schlechte Menschen.

(Morgan Freeman, 2002)

Dieter Heri Mader

Algoma
- die letzte Religion

MERANO-VERLAG

Bibliographische Information der Deutschen Bibliothek:
Die Deutsche Bibliothek verzeichnet diese Publikation in der Deutschen Nationalbibliographie; detailliertere bibliographische Daten sind im Internet über <http://dnb.d-nb.de> abrufbar.

Herstellung: Books on Demand GmbH, Norderstedt
Printed in Germany

ISBN-13: 978-3-944700-09-0

Inhalt:

Vorwort

In Deutschland brodelt es. Hat doch unser ehemaliger bayerischer Ministerpräsident Horst Seehofer, kaum hat er Berliner Luft geschnuppert, den folgenden Satz von sich gegeben: "Der Islam gehört nicht zu Deutschland!"

Da wurde natürlich sofort widersprochen von unserer Bundeskanzlerin Angela Merkel. Und schon war wieder eine von diesen Diskussionen entbrannt, die wir eigentlich hier auf unserer Welt so überhaupt nicht brauchen.

Was soll es denn heißen, der "Islam gehört nicht zu Deutschland"? Es leben seit Jahrzehnten sehr viele Menschen in Deutschland, die dem Glauben des Islam angehören.

Wenn ein Mensch, na sagen wir mal 30 Jahre in Deutschland lebt, vielleicht sogar hier geboren und aufgewachsen ist und dem Glauben des Islam angehört, dann fragen wir uns mal eines: Gehört dieser Mensch dann zu Deutschland? Oh - dieser Mensch, nennen wir ihn mal Abdul, hat einen deutschen Pass und die Deutsche Staatsbürgerschaft, aber den falschen Glauben.

Gehört also dieser Mensch zu Deutschland? Wenn wir diesen Menschen nicht absichtlich und grundlos beleidigen wollen, dann gibt es darauf nur eine Antwort: JA, natürlich gehört dieser Mensch zu Deutschland - wo soll er denn sonst hingehören? Und er heißt Abdul und ist Deutscher!

Aber jetzt wird's richtig spannend: Gehört denn auch sein Glaube zu Deutschland? Da geben wir uns mal eine vorläufige Antwort: "Also, der Mensch, unser Abdul, der hier geboren wurde vor 30 Jahren, einen deutschen Pass hat, hier aufgewachsen ist, ganz normal die deutsche Sprache spricht, na klar, der gehört zu Deutschland, aber sein Glaube, Hilfe - der Islam! Nein, der gehört natürlich nicht zu Deutschland!"

Was soll dieser arme Mensch, unser Abdul, denn jetzt machen? Er gehört zu Deutschland aber sein Glaube nicht.

Oh je oh je. Wie lösen wir das Problem? Nun - ich sage immer, wo ein Problem ist, da ist auch eine Ursache, und da fangen wir mit der Suche nach der Lösung an.

Sie sehen ja, dass der arme Abdul wahrscheinlich selbst gar nichts für sein Problem kann.

Ich wurde als Kind katholischer Eltern geboren und war selbst 40 Jahre ein Mitglied der katholischen Kirche. Irgendwann bin ich dann ausgetreten, weil mein Gott keine Menschenopfer verlangt, so wie der Gott, an den der Abraham im Alten Testament glaubte. Also - ich war 40 Jahre lang ein Christ und jetzt bin ich kein Kirchenmitglied mehr. Dennoch habe ich einen starken Glauben, meine Religion. Und ich gehöre ganz sicher zu Deutschland, auch wenn meine Religion nicht vom Staat erfasst und reglementiert wird.

Und Abdul? Wir stellen nochmals fest: Er hat einen deutschen Pass und alle sind sich einig, dass er als deutscher Staatsbürger zu Deutschland gehört. Schon der Satz klingt doch total geisteskrank: Abdul gehört zu Deutschland... Dieter gehört zu Deutschland... So ein geistiger Unsinn, ehrlich.

Also Abdul gehört zu Deutschland, sein Glaube nicht, sagt Horst Seehofer. Und jetzt? Soll der Abdul jetzt abschwören oder was? Oder wollen wir ihn verfolgen oder ausgrenzen? Was machen wir denn mit Abdul? Er lebt seit 30 Jahren hier und zahlt brav seine Steuern. Sollen wir noch 10 Jahre warten? Vielleicht tritt er ja dann auch aus seinem Glauben aus? Und was, wenn nicht?

Lieber Herr Seehofer, ich glaube, Ihr habt in Berlin alle keine echten Probleme. Beziehungsweise, Probleme sind ja genug da, nur habt Ihr vielleicht keine Lust sie zu lösen? Und stattdessen werft Ihr irgendwelche Parolen unters Volk, damit wir uns über euren geistigen Unsinn den Kopf zerbrechen sollen? Oh Mann - ich könnte platzen.

Aus Berlin kommt seit einiger Zeit echt viel Blödsinn - und der gehört sicher auch zu Deutschland.

Jens Spahn sagt: "Hartz IV ist nicht Armut." Und noch so ein schlauer Satz: "Die Renten müssen weiter sinken!"

Ich frage jetzt mal ein bisserl naiv, weil ich es nicht ganz verstehe: Wenn die Diäten der Politiker jedes Jahr steigen, wieso müssen dann die Renten sinken? Die Diäten sind doch heute schon höher als die Durchschnittsrente, oder? Ich kapier das nicht. Aber ich weiß, was eine Spahnplatte ist und auch, wen man hier in Bayern als "Dünnbrettbohrer" bezeichnet.

Unser Abdul hat aber jetzt immer noch so ein kleines Problem, dass er als braver Steuerzahler von unserem deutschen Innenminister so von der Seite angemacht wurde: "Hey Abdul, Dein Glaube gehört aber nicht zu Deutschland, merk Dir das!"

Merken Sie, liebe Leser, was das doch für ein Blödsinn ist, der da aus Berlin kommt?

Und deswegen, und weil hier so vieles falsch läuft, ist es an der Zeit, einmal symbolisch das Schwert zu ergreifen und diesen gordischen Knoten zu zerschlagen.

Bitte folgen Sie mir oder besser noch, begleiten Sie mich auf die Reise durch die verschiedenen Religionen, auf der Suche nach Antworten.

Eine Antwort vorneweg - auf die Frage ob der Islam zu Deutschland gehört:

Lieber Herr Seehofer und alle anderen, die solche Kommentare loslassen: Abdul gehört zu Deutschland, er hat einen deutschen Pass. Und Abdul darf glauben, was er will. Wenn Abdul's Glaube der Islam ist, dann ist das in Ordnung so! Dann gehört Abdul zusammen mit seinem freien Glauben immer noch zu Deutschland. Lieber Herr Seehofer, sollten Sie anderer Meinung sein, dann geben Sie dem Abdul bitte seine Steuern zurück, dann hat er genug Geld und kann aus diesem unfreundlichen Land ausreisen, weit weg von unserer Regierung.

Leider ist es ja so: Auch die Dünnbrettbohrer gehören zu Deutschland. Wir sind einfach ein bunter Haufen hier. Oh je oh je - und "Nein - ich meine das nicht persönlich", sondern spreche diese Luftblase einfach mal so ohne jeden konkreten Zusammenhang in die Luft. Damit sich da ja keiner von unseren Politikern angegriffen fühlt. Man weiß ja nie, wie das alles aufgenommen wird.

Ach - vielleicht sollten wir mal erwähnen, dass wir hier in Europa vor ein paar Jahren den "Friedensnobelpreis" verliehen, ach was sag ich, geschenkt bekommen haben. Also ich für meinen Teil sage mal "geschenkt", weil ich persönlich meinen Friedensnobelpreis nicht zurückgeben werde!

Ich habe ja keinen abkopierten Doktortitel ergaunert, also behalte ich den Friedensnobelpreis. Der gehört jetzt mir. Geschenkt ist geschenkt, wiederholen ist gestohlen.

Ja, mir reicht es langsam von den Luftblasen, die derzeit aus Berlin kommen. Deswegen werde ich auch ganz offen meine Kommentare hier reinschreiben.

Oder mal mit ritterlichen Worten ausgedrückt: Der deutsche Ritter kämpft mit blankem Schwert. (Das hab ich mal im Zusammenhang mit Verhütung und Kondomen so gehört.)

Wie die Leser meiner früheren Bücher ja schon wissen, glaube ich persönlich an die Wiedergeburt, vor allem deshalb, weil ich mich an meine früheren Leben inzwischen wieder recht gut erinnern kann.

Und so sage ich manchmal auch Dinge, die man nur dann versteht, wenn man weiß, dass ich meine Erkenntnisse aus früheren Leben als "Charakter bildenden Erfahrungsschatz" nutzen kann.

Ich gebe Ihnen am besten gleich mal ein konkretes Beispiel hierzu.

In einem früheren Leben war ich als Kreuzritter auf einem dieser Kreuzzüge im Einsatz.

Vor Ort in Jerusalem, wo wir die heiligen Stätten für die katholischen Pilger freikämpfen sollten, haben wir natürlich nicht jeden umgesäbelt, den wir da getroffen haben. (Oder müsste es umgeschwertert heissen? Den Säbel hatten ja die anderen.) Wir waren Ritter, keine Schlächter. Ritter kommt von reiten, beritten. Wir waren gebildete noble, feine Herren mit Anstand und echten Werten. Freundschaft, Treue, Mut (das war das Schwerste), "Höflichkeit", das waren solche Werte für uns.

Und - ja - wir hatten in Jerusalem auch Kontakt zu Moslems. Und ob Sie es glauben oder nicht - es sind sehr schöne Freundschaften zwischen uns und den Moslems dort entstanden. Es war uns egal, wie der Papst darüber denkt, der war ja weit weg. Wir sorgten dafür, dass die Pilger sicher nach Jerusalem reisen konnten, und JA, natürlich gab es dabei auch schreckliches Blutvergießen. Und doch, wenn Du Deinen Mitmenschen erst einmal kennen gelernt hast, dann gibt es keinen Grund mehr für Dich, ihn zu töten. Da können dann auch Freundschaften entstehen.

Denn das, was uns Menschen alle miteinander verbindet, ist die göttliche Energie.

Wo Kriege angezettelt werden, geschieht das immer aus niederen Beweggründen, weil irgend so ein Depp glaubt, er muss den anderen etwas wegnehmen. Denken Sie mal drüber nach.

In diesem Leben war ich 12 Jahre lang Soldat und bin mit allen Ehren nach meiner Zeit bei der Bundeswehr als Offizier mit dem hohen Rang eines "Hauptmanns" auf eigenen Wunsch entlassen worden.

Ja, ich hätte im "Verteidigungsfall" die Ostdeutschen aus ihren Panzern raus geschossen. Ohne jede Frage. Ich hätte auf Ostdeutsche geschossen, auf Polen, Russen usw. Dann fiel die Mauer und "echte Ostdeutsche" waren um die Weihnachtszeit in meiner Kaserne untergebracht.

Du lernst die Menschen kennen, feierst zusammen Weihnachten, lachst mit ihnen. Nach diesen Erfahrungen habe ich dann den Kriegsdienst verweigert.

Wenn Du gelernst hast, dass jeder dort draußen ein ganz normaler Mensch ist, dann hast Du keine Feinde mehr, auf die Du schießen möchtest. Nie wieder.

Und deshalb gehört es sich nicht, lieber Herr Seehofer, dass irgend jemand einen Keil zwischen unseren Abdul und mich treibt! Ich kenne Abdul nicht persönlich, aber ich kenne andere Menschen, die einen Glauben haben, den Sie, lieber Herr Seehofer, vielleicht nicht akzeptieren mögen. Mir ist das egal, wie Sie regieren, aber wenn Sie solche Sprüche raus hauen, dann machen Sie sich darauf gefasst, dass Ihnen einige hier in unserem Lande mit Recht widersprechen werden!

Egal, wer in unserem Land lebt und egal welchen Glauben jeder Einzelne hier hat - jeder, der sich anständig benimmt und gute Werte lebt, sei mir hier willkommen. Ich liebe es, mit den verschiedensten Menschen in Kontakt zu kommen. Ich empfinde es als Bereicherung, die unterschiedlichsten Menschen kennen zu lernen. Es ist schön, gelbe, rote und schwarze Menschen zu kennen. Persönlich finde ich die Hautfarbe der indischen Menschen sehr schön. Ja, da habe ich auch mal gelebt, das ist ja schon ewig her. Die Faszination für diese Menschen ist mir geblieben. Ich war auch schon mal ein Schwarzer, und auch ein Indianer. Ich war ein Bauer in Österreich und einer der Apostel von Jesus. Ja, ich war ein Kreuzritter, ein Tempelritter und gehörte auch schon so manchem Geheimbund an. Nein, ich verrate keine Geheimnisse, da brauchen die Ordensbrüder jetzt keine Angst haben. Ganz so verrückt bin ich nicht.

Und - Nein - ich bin nicht durchgeknallt, weil es keinen Knall gegeben hat. Meine inneren Erkenntnisse durfte ich auf dem sanften Wege der Meditation erhalten und dafür bin ich sehr dankbar.

Denn Sie glauben es vielleicht nicht, aber wenn Sie die Erinnerung von hundert Leben in sich finden, dann ist das in erster Linie mal eine enorme Bereicherung. Und so wie alles, was uns bereichert, können wir diesen Reichtum nutzen, um ihn auch mit unseren Mitmenschen zu teilen.

Und das möchte ich tun. Sie werden in diesem Buch noch einige Kommentare finden, da werden Sie vielleicht den Kopf schütteln. Das macht aber nichts. Wichtig ist doch nur, ob Sie in meinen Worten auch das ein oder andere Goldkorn finden, das Ihr eigenes Leben bereichert. Dann hat es sich gelohnt für uns alle.

Was ich damit sagen will, ist einfach folgendes: Da kommt ein hochrangiger Politiker und treibt einen Keil zwischen die Menschen, die in unserem Land leben. Und, da wir alle vernetzt sind über die sozialen Medien, Funk und Fernsehen und das Internet, denk ich mal, haben solche Keile auch Auswirkungen auf unsere Nachbarländer. Und da finde ich es einfach enorm wichtig, dass wir dem Herrn Seehofer und allen anderen, die unpassende Aussagen treffen, einmal offen entgegentreten und sagen: "Lieber Herr Seehofer, oder wer auch immer es gesagt hat: Bitte erst überlegen, und dann ohne etwas zu sagen einfach wieder hinsetzen." Solche Spaltereien und Keile braucht kein Mensch.

Wenn Ihr dort in Berlin wirklich gut regieren wollt, dann sorgt bitte dafür, dass es allen im Land "anständig" gut geht. Die Obdachlosen, die im Winter ohne Dach über dem Kopf frieren, die brauchen wir nicht. Die Rentner, die sich an der Tafel Essen erbetteln müssen, wollen wir nicht haben.

Und damit meine ich jetzt nicht die Menschen, damit Ihr das richtig versteht, meine lieben Berliner. Ich meine natürlich deren Probleme: Obdachlosigkeit und Armut. Und das sind nur zwei kleine Beispiele.

Ich behaupte jetzt mal ganz frech: Wenn ich Bundeskanzler wäre, dann gäbe es spätestens nach 12 Monaten keine Obdachlosen und keine hungernden Rentner mehr. Wahrscheinlich ginge es sogar schneller. Nein, ich rede nicht "gescheit" daher. Ich bin ein Mensch, der Probleme erkennt, analyisert und dann angreift. Es kann gelöst werden.

Wenn es möglich ist, dass ein Peer Steinbrück für einen einstündigen Vortrag 15.000 EURO erhält, dann ist auch Geld für die Armen in unserem Lande da.

Solange Ihr in Berlin diese beiden "kleinen" Probleme nicht anpackt, versage ich Euch allen meinen ritterlichen Respekt. Den bekommt man nicht geschenkt, den verdient man sich.

Und es gibt noch mehr Probleme heute: Die Flüchtlingskrise, dass Russland gemobbt wird, weil Ihr einen "Verdacht" habt, die Stinkoxyde in den Städten. Mal ehrlich, wenn die Luft in den Städten schon so vergiftet ist, dass ich da mit meinem Dieselauto nicht mehr rein fahren darf, weil sonst noch mehr Menschen an meinen Stinkoxyden sterben müssen, wisst Ihr was? Wenn die Luft dort schon so giftig und schmutzig ist, dass Ihr mir sagt, ich darf da nicht rein fahren? Wisst Ihr was? Dann will ich da gar nicht hin. Ich bin doch nicht so blöd und fahre da hin, wo die Stinkoxyde schon die Menschen umbringen. Ganz ehrlich - da könnt Ihr mir die blauen Plaketten nachschmeissen. Wenn die Luft so giftig ist, dass ein Dieselauto da nicht reinfahren darf, dann bleibe ich da auch mit meinem Benziner draußen. Nicht wegen den Stinkoxyden, sondern weil ich mich von Euch nicht vergiften lassen will. Und ich weiss auch, dass es Stickoxyde heisst, nur so nebenbei.

Ihr habt doch ganz andere Probleme als meinen Diesel-SUV.

Noch eine letzte kurze Frage: In Frankreich gibt es eine Maut auf der Autobahn, in Italien auch und in Österreich gibt es die "Pickerl".

Wieso klappt das denn nur wieder in Deutschland nicht? Die anderen haben seit Jahren ein funktionierendes System, nur unsere deutsche Regierung ist wieder mal nicht in der Lage, das einfach zu übernehmen. Da fragt man einfach mal die, die das schon können, wie das geht und schon klappt das. Und Ihr in Berlin lamentiert jahrelang und habt Euch nur eine Klage aus der EU eingefangen. Geht's noch? Wenn Ihr mich fragt, hättet Ihr eine Diätenkürzung verdient.

So - es reicht - jetzt wollen wir aber mal ganz allmählich zum Thema des Buches kommen: "Die letzte Religion".

Damit werden wir uns im Folgenden befassen. Na ja - und vielleicht ahnen Sie es ja schon, liebe Leser: In meinen früheren Leben habe ich schon so ziemlich jede Religion auch persönlich kennen gelernt. Ich weiß also so einigermaßen, wovon ich spreche bzw. schreibe.

Und wie immer geht es mir nicht darum, Ihnen trockene Fakten zu vermitteln, sondern ein "Gefühl", einen "Einblick", wie sich eine gute Religion anfühlt.

Sie werden es selbst spüren und dann wissen, wie die Religion aussehen wird, die Sie selbst für sich annehmen möchten.

Religion ist die ganz persönliche Verbindung eines Menschen zu seinem Schöpfer.

Ganz egal, ob er (oder sie) Allah heißt, Gott oder Manitu. Deswegen lautet der Titel des Buches auch Algoma. Es ist die Verschmelzung von Allah, Gott, Manitu und allen anderen Namen, die unserem Schöpfer oder besser noch unseren Schöpfern, also unserer Quelle, gegeben werden.

Wenn Sie selbst im Laufe der Lektüre dieses Büchleins eine persönliche Verbindung zu unserer Urquelle für sich erahnen, dann hat sich das Schreiben dieses Buches gelohnt.

So möge es sein - AMEN.

Ihr Dieter Heri Mader

Christentum

Das Christentum hat eine jahrtausendelange Tradition. Die Religion beruht auf Jesus Christus, der vor mehr als 2000 Jahren geboren wurde. Nach ihm ist auch die Zeitrechnung, zumindest bei uns, angelegt. Wir kennen dazu den Julianischen Kalender und den Gregorianischen Kalender. Wenn es um Zeitrechnung geht, dann spielte da auch immer schon die Astrologie mit rein.

Da ich selbst 40 Jahre ein katholischer Christ war, kenne ich diese Religion recht gut. Ein wesentliches Merkmal ist, dass es ein Altes und ein Neues Testament gibt. Das Alte Testament überliefert die 10 Gebote Gottes, die von Moses direkt von Gott empfangen wurden.

Da steht unter anderem drin: "Du sollst nicht töten." Bei der katholischen Kirche wird ja immer alles mit "Du sollst nicht..." vorgegeben. Ein evangelischer Christ hat mir mal gesagt, wenn man die Bibel studiert - und die älteren Bibeln waren ja auf Griechisch geschrieben worden, dann weiß man, dass es nicht "Du sollst nicht..." heisst, sondern: "Du wirst nicht töten." Also ich meine das ist ein gewaltiger Unterschied. Ich weiß jetzt nicht, ob die evangelische Kirche das mit "Du wirst nicht" predigt, die katholische Kirche jedenfalls predigt "Du sollst nicht".

Wenn wir das mal vergleichen, dann stellen wir zumindest fest, dass es bei der Katholischen Kirche wie eine Anweisung oder ein Verbot klingt. In der griechischen Bibel liest es sich aber eher wie eine Erkenntnis. Also, wenn ein Mensch den Willen Gottes verstanden hat, dann WIRD er nicht mehr töten. Dann braucht ihm das auch niemand mehr anweisen, weil er es eben verstanden hat.

Nun, nehmen wir einmal an, Jesus Christus (was "der Gesalbte" heißt), hat wirklich gelebt und gewirkt.

Dann stellen wir fest, dass er viele Wunder gewirkt haben soll, einige Priester sagen auch, das sind nur Gleichnisse in der Bibel und man sollte das nicht wörtlich nehmen. Interessant. Wenn wir es nicht wörtlich nehmen sollen, dass Jesus zum Beispiel Wasser in Wein verwandelt hat, oder einem Blinden das Augenlicht zurückgegeben hat, oder dass er den Lazarus von den Toten erweckt hat, dann fragt sich ja schon, ob das, was wir GLAUBEN nun einen realen Hintergrund hat, oder ob es eher symbolisch und im übertragenen Sinne gemeint ist, was wir da im Neuen Testament lesen.

Nachdem sich kaum jemand an die Zeit von vor über 2000 Jahren mehr erinnert, ist manches schwer nachvollziehbar. Tatsache ist aber doch, dass Jesus sich mit seinen Äußerungen damals so sehr unbeliebt gemacht hat, dass er verhaftet und als Verbrecher ans Kreuz genagelt wurde.

Also wie nochmal - Jesus predigt die Nächstenliebe und dafür wird er umgebracht? Okay, und das sollen wir jetzt glauben? Was waren das für seltsame Menschen damals? Ich meine, da haben alle damals an das Alte Testament geglaubt, in dem ja steht, "Du wirst nicht töten", dann kommt einer und predigt "Liebe Deinen Nächsten wie Dich selbst" und der wird dann verfolgt, ausgepeitscht und umgebracht. Ein wenig seltsam ist das ja schon.

Jetzt habe ich ja auch schon mal ein Buch gelesen, das zwei Freimaurer geschrieben haben. Die schreiben da, es gab zwei Jesus: Jesus, Sohn Gottes und Jesus, König der Juden. Und Sohn Gottes hieße in der damaligen Sprache Bar Abbas, also Barabbas. Den kennen wir ja auch - der sollte auch gekreuzigt werden und wurde dann angeblich frei gelassen. Den Brauch, dass ein Verbrecher zum Paschafest freigelassen wurde, soll es aber gar nicht gegeben haben.

Im übrigen wurden die 4 Evangelien auch allesamt erst etwa 50 bis 60 Jahre nach dem Tod von Jesus Christus niedergeschrieben.

Das macht ja auch Sinn, weil die Zitate von Jesus wohl auch 60 Jahre urheberrechtlich geschützt waren und wenn jemand in der damligen Zeit schon für die "Nächstenliebe" gekreuzigt wurde, dann rät es sich ja fast schon von selber, dass man da nicht in eine solche rechtliche Falle tappt.

Und es soll ja einer vom anderen abgeschrieben haben bei den Evangelien. Interessant ist ja auch, wenn man jemanden fragt: "Was waren denn die letzten Worte von Jesus am Kreuz?", dann kann das keiner genau sagen, weil es da zwei verschiedene Aussagen in den Evangelien gibt und in zweien steht darüber gar nichts drin.

Es ist eben doch schon sehr lange her und wir können das meiste nicht mehr nachprüfen.

Deswegen sind wir auf das angewiesen, was die Kirche uns vorgibt. Im übrigen wurde vor Jahrhunderten auch angeblich alles aus der Bibel entfernt, was mit Wiedergeburt zu tun hat auf irgend einem Konzil damals. Interessant - da hat die Kirche doch immer wieder in der Bibel herumgekritzelt und Dinge "angepasst".

Die griechische Bibel hat ja damals eh kaum jemand verstanden. Lesen war ja nicht für jeden was. Später gab es dann eine lateinische Bibel und die Priester haben in der Kirche nur lateinisch vorgelesen aus der Bibel. War auch doof, weil ja damals das normale Volk auch kein Latein sprechen konnte. Irgendwie merkt man da schon, dass "Wissen" damals Luxus war und das normale Volk einfach das erzählt bekommen hat, was die "Gelehrten" ihnen weis machen wollten. Das sag ich jetzt mal einfach so frech.

Nun gut - im Christentum gibt es diesen Dreifaltigen Gott: Gott Vater, Gott Sohn und Gott Heiliger Geist.

Da kommen auch einige nicht mit klar. Wieviele Götter sind das jetzt? Einer oder doch Drei?

Jesus soll ja auch gesagt haben: Ihr alle seid Kinder Gottes. Okay. Wir wissen, dass Jesus als "der Sohn Gottes" gilt.

Wenn wir aber alle "Kinder Gottes" sind, so wie Jesus gesagt haben soll, dann sage ich jetzt mal über mich selbst: "Ich bin der Sohn Gottes!"

Stimmt ja auch, oder? Und jeder andere Mann ist auch der Sohn Gottes und jede Frau ist dann die Tochter Gottes.

Damals, als ich noch aufs Gymnasium gegangen bin, hatte ich ja teilweise echt schlechte Noten. Im Religionsunterricht haben wir dann von der Erleuchtung durch den Heiligen Geist erfahren, und dass wir bei der Firmung auch alle den Heiligen Geist erhalten würden.

So, das ist jetzt echt kein Witz: Ich habe damals ernsthaft daran GEGLAUBT, dass meine Noten mit Sicherheit besser werden, wenn ich erstmal gefirmt bin und dann die Erleuchtung empfangen habe. Ganz ehrlich! Ich hatte einen festen Glauben und für mich war das völlig klar so. So hatte ich das verstanden. Leider hat es nicht funktioniert.

Sprachen lernen, Vokabeln pauken fiel mir immer noch genauso schwer wie vor der Firmung und meine Noten sind auch nicht besser geworden. Das war nix.

Dann gibt es bei der katholischen Kirche noch die 7 Sakramente, das sind, wenn man mal so sagen möchte, die "Dienstleistungen", die die Kirche den Gläubigen anbietet, wie Beichte, Ehe, Taufe und so weiter. Die anderen Sakramente sind Kommunion, Firmung, Letzte Ölung und die Priesterweihe, soweit ich mich erinnere. Und das habe ich jetzt nicht gegoogelt. Hab doch gesagt, dass ich mich noch recht gut auskenne, auch wenn ich heute kein Kirchenmitglied mehr bin.

In dem Buch "Das schwarze Reich" habe ich gelesen, dass die katholische Kirche, bzw. der Vatikan Aktien von Waffenfirmen besitzt oder zumindest besessen hat. Das hat mich schockiert.

Andere Menschen sind von den Kreuzzügen schockiert. Wie kann ein Papst dazu aufrufen andere Menschen zu töten?

Es steht doch ganz klar in den 10 Geboten drin: "Du sollst nicht bzw. Du wirst nicht töten!" Na, wenn ich jetzt mal ein wenig spötteln darf, dann sage ich einfach mal: "Der Papst ist unfehlbar und Gott hat in den 10 Geboten eben nicht von den ungläubigen Moslems gesprochen. Natürlich darf man die Ungläubigen töten, damit die Pilger zu den heiligen Stätten reisen können, ist doch klar, oder?"

Merken Sie was? Damals wurde noch recht viel Blut vergossen im Namen des Papstes.

Dann gab es ja so viele Streitigkeiten um die Papstposition, dass wir eine Zeit lang neben dem Papst in Rom gleichzeitig einen "Gegenpapst" in Avignon hatten. Der Papstpalast in Avignon steht noch, den kann man besichtigen.

Und nicht zu vergessen, die "Inquisition". Da wurden im eigenen Land alle verfolgt, gefoltert und umgebracht, die nicht gepasst haben. Hexen zum Beispiel. Wenn man weiss, dass Hexen ganz einfach Frauen sind, die einen Zugang zu "verbotenem" Wissen hatten, dann dürfen wir da durchaus von einer "Säuberung" der Kirche sprechen, die dazu dienen sollte, Konkurrenten zu töten.

Wie war das mit den 10 Geboten nochmal? Genau: Wenn es um das eigene Geschäft geht, also den Verkauf der christlichen Sakramente an die Gläubigen, Ablass der Sünden usw., dann darf man Ungläubige, Moslems und Heiden sowie unerwünschte Konkurrenz wie Hexen oder Heiler auf jeden Fall töten. Wo kommt man denn sonst hin?

Die Geschichte der christlichen Kirche ist ja voll mit Blutvergießen. Denken wir mal an die Kirchenspaltung. 16. Jahrhundert, Luther, die Hugenotten in Frankreich. Blutvergießen im großen Stil. Aus heutiger Sicht eine Schande.

Und sogar der französische König hat damals mitgemacht, als es um die massenhafte Ermordung der Hugenotten ging. Wir kennen das als die "Bartholomäusnacht".

Heute hat sich das alles zum Glück, oder sollten wir sagen "Gott sei Dank" doch sehr verändert.

Heute ist die Kirche um Frieden bemüht. Na ja, sehen wir mal von den zahlreichen Fällen ab, wo Jungs von pädophilen Geistlichen missbraucht wurden oder wo so manch einer einen "Protzbau" hinstellt. Da kann man jetzt nicht meckern, denn wer sein Geld in den Klingelbeutel legt, der darf sich nicht wundern, wenn damit ein Protzbau errichtet wird. Das meine ich jetzt ernst. Geschenkt ist geschenkt! Ich erinnere an meinen Friedensnobelpreis, gell?

Gegen den Protzbau ist wirklich nichts einzuwenden, sonst müssten wir ja auch die Pyramiden oder die ganzen Kathedralen verurteilen. Wo das Geld für einen Protzbau da ist und fleißige Hände beim Bau mitarbeiten, da ist das völlig in Ordnung.

Bei der Gelegenheit fällt mir ein, dass ich selbst in einem früheren Leben an einer Kathedrale mitgebaut habe. Das war mein Job. Meistens saß ich auf einem Brett, das mit Seilen befestigt war an der Außenfassade, ziemlich weit oben und habe da gearbeitet. Eines Tages wurde das sabotiert von einem anderen Mann, der geil auf meine damalige Frau war. Das Schwein hat dafür gesorgt, dass ich in den Tod gestürzt bin. Diese miese Ratte! Seitdem habe ich Höhenangst. Das ist nicht lustig.

Da gab es noch einen zweiten Vorfall, als ich noch auf einer Burg gelebt hatte. Ich liebe Burgen heute noch. Die dicken Mauern, die einen guten Schutz bieten gegen alle Feinde, die von außen kommen. Nun, da gab es eines Tages eine Begegnung auf der Burgmauer, wo ich von zwei Männern gepackt und in die Tiefe geworfen wurde. Na klar - wieder mit Todesfolge für mich. Damit hat es meiner Seele gereicht. Wenn ich heute irgendwo stehe, wo es steil runter geht und es kommt irgend ein Mensch mir nahe, dann bekomme ich Panik und muss mich festhalten.

Da steigt die nackte Todesangst in mir auf. Ist es ein Wunder? Nein, ist es nicht.

Andererseits kann ich im Hubschrauber mitfliegen oder in kleinen oder großen Flugzeugen. Das macht mir riesig Spaß, trotz Höhenangst. Verstehen Sie das? Ist doch ganz klar: Mit Flugzeugen habe ich einfach noch keine schlechten Erfahrungen gemacht. Da macht mir die Höhe eben nichts aus. Ich habe ja einen Schutz um mich herum.

Mal abgesehen davon, dass ich im zweiten Weltkrieg in einem Bomber mitgeflogen bin und wir abgeschossen wurden. Das habe ich allerdings überlebt. Also wenn jemand auf mich schießt, dann habe ich Angst, aber eben nicht vor dem Fliegen.

Sollten Sie auch Ängste in Ihrem Leben haben, könnte es sein, dass die aus einem Vorleben kommen. Manche haben Angst vor trübem tiefem Wasser - die könnten mal ertrunken sein. Mir macht das nichts aus - ich bin noch nie ertrunken.

Andererseits hat es mich immer sehr vor Spinnen geekelt. Wenn ich eine große Spinne gesehen habe, dann habe ich auch wieder fast Panik bekommen und die Spinne fangen oder sie umbringen konnte ich nur mit zittrigen Händen.

Eines Tages war mir klar, dass ich in einem früheren Leben mal eine ganze Zeit in einem schmutzigen Kerker verbringen musste. Ich musste am Boden schlafen und da waren sehr viele Spinnen. Du liegst da und willst schlafen und die krabbeln über dich drüber. Das ist so eklig, dass du kein Auge zu tun kannst und wenn du doch endlich völlig erschöpft einschläfst, dann wirst du wieder wach, wenn eine Spinne dir ins Ohr krabbelt. Ist das eklig, wenn du versuchst, die Spinne aus dem Ohr zu bekommen. Wenn du mit den Fingern reinpopelst und zerdrückst dabei die Spinne und hast den Batz dann im Ohr und die Beine der Spinne schauen raus. Oh, pfui Teufel - es ist schon so viele Jahrhunderte her und der Gedanke ist immer noch echt unangenehm.

Allerdings - als ich erkannt habe, wo bei mir die Spinnenphobie hergekommen ist, war das der Beginn eines Heilungsprozesses für meine Seele.

Heute schaue ich mir die Spinnen gerne an. Ich habe ja oft mal Spinnen im Haus, die mit dem Holz reinkommen. Die fange ich mit einem Glas, schaue sie mir ohne Gruseln oder Ekeln an und setze sie dann wieder raus.

Oft hilft es, wenn man erkennt, wo die Angst herkommt um sie verschwinden zu lassen.

Die Höhenangst habe ich aber immer noch. Da geht wohl auch nix mehr weg. Bei der Höhenangst müsste ich ja "Vertrauen" zu Fremden entwickeln und da habe ich schon so viele schlimme (und natürlich auch positive!!) Erfahrungen gesammelt, die sich eben immer noch auswirken.

Steile Abgründe und Nähe geht eben gar nicht. Da hat das Vertrauen einfach eine Grenze.

Fassen wir nochmal das Christentum zusammen: Jahrhundertelanges Blutvergiessen, miteinander zerstritten und gespalten bis heute, die 10 Gebote gelten nur, wenn es sich nicht um Ungläubige, Heiden oder Hexen handelt, mit Waffen in großem Stile Geld verdienen ist okay und heute ist alles friedlich und harmonisch.

Es wird die "Nächstenliebe" gepredigt und die katholische Kirche predigt immer noch, wie unwürdig und klein die Sünder alle sind, die ihren Gott um Vergebung der Sünden bitten.

Und - in Deutschland muss Kirchensteuer bezahlt werden! An dieser Stelle ist es mir ein dringendes Bedürfnis anzumerken, dass ich die Kirchengemeinschaft nicht aus finanziellen Gründen verlassen habe. Bei mir hat es einfach nicht mehr gepasst, dass die Geschichte von Abraham immer noch gepredigt wird. Der dachte, er müsse seinem Gott seinen erstgeborenen Sohn opfern. Also ein blutiges Menschenopfer.

Gott war dann aber zufrieden, dass er statt dessen einen Widder geopfert hat. Und das kann ich nicht ab. Mein Gott fordert keine Blutopfer.

Der Gott, an den ich glaube, ist ein liebevoller Schöpfer, den es nicht nach Blut dürstet. Mein Gott ist kreativ und liebt.

Denken Sie mal drüber nach, was Sie für ein Gottesbild haben?

Habe ich schon erwähnt, dass ich einer der Apostel war? Ich glaube, das steht schon im Vorwort. Ich habe Jesus sehr gut gekannt. Er war ein ganz besonderer Mensch und absolut liebevoll. Auch wenn die Illuminaten, ach was schreib ich denn für einen Schmarrn, auch wenn die Freimaurer da jetzt wieder sagen: "Pass auf, da waren zwei Jesus: Jesus, Sohn Gottes und Jesus, König der Juden!" Barabbas soll mit Vornamen auch Jesus geheissen haben, schrieben die Freimaurer. Das ist alles sehr verwirrend, finden Sie nicht? Es ist eben schon sehr lange her und von uns war keiner selbst dabei. Wirklich keiner? Doch - einer war dabei. Genau - meine Wenigkeit.

Und, soweit ich mich erinnere, und ich erinnere mich noch sehr gut, war Jesus, der den ich kannte, kein König und er hieß auch nicht Barabbas und er wurde wirklich verraten und gekreuzigt. Dieser Jesus war die Liebe in Person. Ich kann nur sagen, wenn wir uns damals aufgeregt haben, hat er uns "besänftigt". Dieser Jesus hat nichts Böses getan. Ich habe ihn nur als sehr sehr lieben Menschen kennen gelernt. Heute würde man sagen, das ist ein Heiliger. Und ich weiss, dass er am Kreuz gehangen hat, weil ich es war, der ihn verraten hat.

Es tut mir heute noch weh, wenn ich darüber nachdenke und das an mich heran lasse. Er hat mir nie etwas Böses getan und ich habe mich von solchen Deppen damals bequatschen lassen und habe Jesus verraten. Sie kennen mich als Judas Eschariot. Der Verräter, der die 30 Silberlinge dann weggeschmissen hat und sich das Leben genommen hat. Auch das stimmt so nicht.

Ich habe die 30 Silberlinge weggeschmissen, aber ich war zu feige, um mir das Leben zu nehmen.

Ich lebte noch ziemlich lange, bin aber mein schlechtes Gewissen nie wieder los geworden. In der Tat habe ich es ja irgendwie immer noch mit dabei. Obwohl ich heute meinen Frieden gefunden habe, denn durch die Erfahrungen aus allen bisherigen Leben weiss ich, dass Jesus mir diese niederträchtige Tat nie zum Vorwurf gemacht hat. Er war die reine Liebe, er musste nicht verzeihen, weil er ja noch nicht einmal angeklagt hat. Er hat einfach nur geliebt.

Das zu können ist wohl das größte Wunder, das ein Mensch überhaupt vollbringen kann.

Es tut mir leid, wie das damals gelaufen ist. Wenn es um das Leben eines anderen Menschen geht, dann sollten wir wirklich sehr genau überlegen, wie wir da agieren. Unsere Taten können wir nicht ungeschehen machen.

Wenn ich heute sehe, dass die Russen gemobbt werden, weil die Europäer "einen Verdacht haben", sie könnten einen Doppelagenten vergiftet haben, dann muss ich den Kopf schütteln über so viel Unbedachtheit.

Erstens heisst es immer: "Im Zweifel für den Angeklagten." Wieso wird Russland ohne Beweise verurteilt?

Und zweitens: Wie kann ein aufrichtiger Mensch als Doppelagent arbeiten? Ich sollte doch so ehrlich sein und wenigstens einer Seite die Treue halten. Ein Doppelagent betrügt beide Seiten. Das sind Menschen mit einem sehr schlechten Charakter, würde ich mal annehmen.

Und auch als Kreuzritter haben wir Blut vergossen, aber die eigene Seite zu verraten? Obwohl, als Templer haben wir damals nicht alles abgegeben, wie die Prieuré das geglaubt hat, in deren Auftrag wir den Tempel von Jerusalem durchsucht hatten. Aber da waren wir trotzdem keine Doppelagenten, weil wir ja nicht alle Seiten betrogen haben.

Doppelagenten geht eben gar nicht, da ist nichts Ehrenhaftes dabei, wenn man alle betrügt.

Was müsste man noch zum Christentum wissen? Vielleicht noch eine kleine Geschichte zum Abschluss:

An der Universität der Bundeswehr in Neubiberg, bei München, hatten wir mal einen Gottesdienst im Kreise der Chormitglieder des Werner-Heisenberg Chors, in dem ich damals mitgesungen habe. Der katholische Pfarrer hat dabei den Becher mit dem Wein, also den goldenen Gral, wenn Sie so wollen, herumgehen lassen, damit jeder von uns einen Schluck vom Meßwein trinken konnte. Das kommt ja nicht so oft vor, dass man das erlebt. Bei Hochzeiten wird das gemacht, dass man vom Meßwein trinken darf, aber im normalen Gottesdienst gibt es ja nur Hostien für die Gläubigen, keinen Wein. Also - an dem Tag gab es Wein. Der goldene Kelch wurde herumgereicht und auch ich nahm einen kleinen Schluck und reichte den Kelch weiter. Ganz am Schluss kam der goldene Kelch wieder zurück zu unserem Pfarrer und ich sah mit großen Augen, wie er sehr viele große Schlucke machen musste, bis der Kelch dann endlich leer war. Und eines habe ich mir damals geschworen: Sollte ich jemals wieder in einer Kirche im Kreise der Gläubigen stehen und der Pfarrer reicht einen goldenen Kelch mit Wein herum, dann trinke ich daraus einen richtig großen Schluck!

Weil - es trinkt jeder nur so wenig, damit ja so viel als möglich noch für die anderen übrig bleibt und ich glaube auch, je weniger im Kelch verbleibt desto mehr geben sich die Gläubigen auch mit dem Benetzen der Lippen zufrieden. Es sollte also kein Problem sein, einen großen Schluck zu nehmen, oder? Zudem könnte der Pfarrer ja auch nochmal nachschenken, wenn es wirklich nicht reichen sollte.

Es ist doch schön, wenn man in der Kirche auch Dinge lernt, die man vielleicht später im Leben doch noch einmal brauchen kann.

Ein kleiner Nachtrag zur Bibel ist noch nötig, weil's mir gerade einfällt. Die Bibel war ja erstmal auf Griechisch geschrieben.

Die erste Frau heißt wie? Wissen Sie's? Genau: der Mann ist der Adam und die Frau ist die Eva. Also Adam und Eva, die ersten Menschen.

Wenn man jetzt Griechisch lernt, gerne auch Neugriechisch, das macht keinen Unterschied, dann lernt man diese seltsamen Schriftzeichen und wie die ausgesprochen werden.

Wenn wir jetzt die folgenden griechischen Buchstaben sehen: Ε ν α

Dann sieht das aus, wie die lateinischen Buchstaben "Eva", im Griechischen wird es aber "Ena" gesprochen und Ena heisst "Eins". Das ist cool, oder? Unsere Eva hiess in Wirklichkeit also laut griechischer Urbibel Ena, was "Eins" bedeutet, denn sie war die erste Frau. Und so bekommen manche Dinge schon gleich eine viel tiefere Bedeutung, wenn man ein bisschen versteht, wie das alles hergeleitet wird.

Und da frage ich jetzt mal so nebenbei: Wo haben die wohl beim Lesen und Übersetzen der Bibel vom Griechischen ins Lateinische und dann in alle anderen Sprachen noch so schlampig gearbeitet?

Und warum bekommt man in der Schule, und ich war auf dem Gymnasium(!!), nicht das alles erklärt, damit man es versteht?

Da muss man über 50 Jahre alt werden, bis man da durch Zufall selber drauf kommt. Das kann's doch nicht sein, oder? Hätten Sie das gewusst mal als blöde Frage?

Und ich wollte doch nur ein bisschen Griechisch lernen für meine Reise nach Athen.

Da habe ich 40 Jahre lang meine Mitgliedsbeiträge bezahlt und mir hat noch nicht einmal einer gesagt, wie die erste Frau wirklich richtig heisst. Man lernt eben nie aus.

Buddhismus

Buddha war ein Prinz, der seinen Palast verlassen hat. Er hat den ganzen Reichtum einfach hinter sich gelassen, um, man könnte sagen, das Leben kennen zu lernen. Dabei kam er letztlich zu dem Ergebnis "Leben ist Leiden" und er befasste sich damit, wie dieses Leid überwunden werden könnte.

Vielleicht macht es ja auch Sinn, dass wir uns einmal kurz in das Land versetzen, in dem diese Religion entstanden ist: Indien.

Sie haben es vielleicht auch schon geahnt: Ja, ich habe auch schon in Indien gelebt in einem früheren Leben. Hauptsächlich erinnere ich mich an meine Zeit als Kind dort und wie schwer es für unsere Mutter war, uns Kinder zu versorgen. Sie war so etwas wie eine "Sklavin" könnte man sagen. Sie musste hart arbeiten, wurde richtig ausgebeutet und blieb trotz allem immer arm. Doch wir waren glücklich. Meistens.

Es gab immer wieder diese schrecklichen Momente, wenn unsere Mutter von Ihrem Ausbeuter unter Druck gesetzt wurde, das war echt unangenehm, auch für uns Kinder.

Insgesamt war es ein Leben in Armut, dort in Indien, zumindest für die Familie, in die ich hineingeboren wurde. Es gab dort auch sehr reiche Menschen, doch das war eine Welt, die für uns unerreichbar war.

Zum Spielen haben wir Steine benutzt, manchmal auch kleine Holzstückchen. Es war immer irgendwie staubig und heiß. Keine Ahnung, ob Sie das interessiert.

In diesem staubigen, heißen Land lebte also auch unser Buddha und meditierte über das Sein.

Gott spielt im Buddhismus eher keine so große Rolle. Es geht mehr um "edle Wahrheiten" und einen "edlen Pfad des Lebens", obwohl einige erleuchtete Menschen im heutigen Buddhismus als Götter angesehen werden.

Man könnte das wohl mit den "aufgestiegenen Meistern" vergleichen, die man bei unseren Eso-Fuzzis findet. Das sollen Menschen mit vielen Inkarnationen sein, darunter auch ehemalige Illuminaten, die sich dann so großartig weiterentwickelt haben, dass sie heute von esoterisch Verblendeten regelrecht verehrt werden. Tut mir leid. Mit den "aufgestiegenen Meistern", diesen Eso-Großmeistern kann ich echt nichts anfangen. Das ist für mich eine Ersatz-Religion für Menschen, die noch nicht wirklich begriffen haben, wie die großen Zusammenhänge sind und die immer noch verzweifelt nach der führenden Hand Ausschau halten und sich dann eben an solche zweifelhaften "Phantasiegestalten" dranhängen.

Ich war schon dabei, wie "spirituelle Menschen" Lady Nala oder Saint Germain gechannelt haben. So ein Blödsinn.

Auch wenn ich es mir jetzt mit der ganzen Esoterik-Fuzzi-Community verscherzen sollte und mir haufenweise schlechte Rezensionen einfangen sollte, sage ich trotzdem: Es ist völlig in Ordnung, ein ganz persönliches Gottesbild zu haben. Doch wir sollten uns davor hüten, Menschen zu Göttern zu erklären oder ihnen einen Gott-ähnlichen Status zu erteilen. Und ich weiß, wovon ich spreche, denn immerhin bin ich, wie Sie ja bereits wissen, der "Sohn Gottes".

Zurück zum Buddhismus. "Leben ist Leiden" - und die Suche nach der Erlösung vom Leid wäre wichtig. Aus meiner Erfahrung des Lebens in Indien kann ich das schon bestätigen, dass das Leben dort für meine Familie sehr voller Leid war. Die Erlösung in der Meditation zu suchen oder gar zu finden ist mir damals jedenfalls nicht gelungen. Ich meine sogar, wenn ich mich recht erinnere, dass ich den Ausbeuter unserer Mutter damals umgebracht habe. Das war mein Lösungsansatz. Es ist eben immer auch eine Frage der persönlichen Entwicklung, der Umstände und Möglichkeiten und des eigenen Karmas, das wir auf- und abbauen im Zusammenspiel mit anderen Menschen.

Es ist ein Irrglaube, dass alle Buddhisten friedliebende Menschen sind. Die Religion an sich lehrt über gutes und schlechtes Karma, über dessen Auswirkungen auf die Wiedergeburt und zeigt Möglichkeiten, aus dem Rad des Lebens auszusteigen, das Karma hinter sich zu lassen, um in das Nirvana einzugehen.

Ich habe in meinem jetzigen Leben auch schon Menschen kennen gelernt, die den "aufgestiegenen Meisterleins" nachgelaufen sind und versucht haben, über irgendwelche dubiosen, beinahe hätte ich geschrieben Sexpraktiken, nein, spirtuelle Praktiken meinte ich, das aktuelle Karma zu "löschen", damit sie nicht mehr wiedergeboren werden müssen. Na - geht's noch? Das Leben kann auch Spaß machen. Wir müssen ja nicht mit (sanfter) Gewalt und so schnell als möglich "aussteigen". Wir dürfen uns doch auch am Leben erfreuen und selbst, wenn wir eine eigene "Meisterschaft" erlangt haben sollten, selbst dann dürfen wir wiederkommen oder bleiben, um andere Menschen auf deren Pfad ins Nirvana behilflich zu sein.

Leben ist Leiden, Leben ist aber auch Freude. Leben ist Kreativität, Fühlen, Lieben, Lachen und noch vieles mehr. Wir dürfen und wir sollten unsere Gelegenheit hier im Universum, in der physischen Welt durchaus auch dafür nutzen, die Schöpfung zu erforschen, zu entdecken und auch selbst kreativ daran teilzunehmen. Wir dürfen und wir sollten Sorge dafür tragen, dass wir ein "erfülltes" Leben für uns selbst und, falls möglich, auch für andere, erschaffen.

Wir sind ja nicht nur hier um zu leiden, auch wenn das mit zum Leben dazu gehört.

Und wenn wir alles gut und richtig machen, dann löst sich unser schlechtes Karma ganz nebenbei fast von selbst auf.

Machen Sie sich bitte Ihre eigenen Gedanken dazu. Es könnte ja sein, dass ich das alles völlig falsch einschätze. Denn immerhin bin ich ja noch da - im Rad der Wiedergeburt.

Hinduismus

Im Hinduismus finden wir mehrere Götter, unter anderem Vishnu und Shiva. Vishnu, der Bewahrer, ist laut Wixipedia der oberste Gott, den könnte man vergleichen mit dem Gott des christlichen Glaubens oder mit Allah. Shiva ist der Zerstörer. Und Brahma ist der Schöpfer. Vielleicht sollte man eher Brahma mit Allah und dem christlichen Gott vergleichen?

Wie auch immer - es gibt im Hinduismus mehrere Götter mit verschiedenen Eigenschaften oder Aufgabengebieten und auch hier finden wir den Glauben an die Wiedergeburt oder Reinkarnation.

Zudem, und das ist ja jetzt echt hart für viele Hindus, gibt es ein "Kastenwesen". Das heißt, wenn du schlechtes Karma angehäuft hast in deinen Vorleben, dann wirst du in eine der unteren Kasten hinein geboren, wenn du sehr viel gutes Karma gesammelt hast, dann wirst du in eine hohe Kaste geboren.

Das bedeutet: Du wirst geboren und bist bereits "abgestempelt". Niedere Kaste bedeutet auch schlechte Behandlung durch Menschen aus einer höheren Kaste. Das ist es, was ich in meinem damaligen Leben in Indien eben erfahren durfte. Meine Mutter war schon arm und es gab praktisch keine großen Möglichkeiten, da rauszukommen.

Wenn Sie mich fragen bevorzuge ich doch einen eher offenen Zugang. Lass die Menschen geboren werden, gib ihnen eine gute Bildung und rege sie an, sich selbst Gedanken zu machen, dann können sie sich entwickeln und erblühen. Und dann sorge dafür, dass die Menschen im Miteinander gemeinsam dafür Sorge tragen, dass das Leben auf Erden möglichst gut und angenehm für möglichst alle Menschen ist.

Das wäre mein Ansatz. Ich finde es absolut schlimm, wenn Rassisten gegen Menschen anderer Herkunft oder anderer Hautfarbe hetzen. Im Grunde sind wir doch alle gleich.

Meine Hautfarbe war in meinen früheren Leben schon weiß, schwarz, rot, dunkelbraun und so weiter. Manchmal frage ich mich sogar, ob es sein kann, dass man sich im Leben praktisch "selbst begegnet". Zum Beispiel, wenn Sie als Sheriff von Nottingham geboren werden und die Landbevölkerung ausbeuten. Dann taucht Robin Hood auf und macht Ihnen das Leben schwer und Sie versuchen ihn zu fangen. In der nächsten Inkarnation sagen Sie sich dann vielleicht: "Wow, das war ja ein spannendes Leben". Jetzt möchte ich gerne als Robin Hood geboren werden. Falls das geht (und ich glaube es geht so ziemlich alles, was wir uns vorstellen können), dann stellen Sie sich im nächsten Leben als Robin Hood dem bösen Sheriff von Nottingham entgegen, berauben ihn und verteilen sein Geld an die Armen.

Im Grunde genommen ist damit ALLES, was wir unseren Mitmenschen an Bösem tun auch etwas, was wir uns irgendwie immer auch selbst antun. Wie viel mehr Sinn macht es dann, einfach nur noch GUTES zu tun.

"Behandle Deinen Nächsten wie Dich selbst" bekommt damit eine sehr tiefe Bedeutung. Der Islamist der andere in die Luft sprengt hat das sicher nicht verstanden.

Und auch der Hindu aus der oberen Klasse darf sich fragen, wie sehr es in Ordnung ist, Hindus aus den unteren Kasten nicht genauso freundlich zu behandeln, wie die Hindus aus der eigenen Kaste. Entsteht nicht auch "schlechtes Karma", wenn wir wir andere schlecht behandeln? Wenn ein Mensch glaubt, dass er der höchsten Kaste angehört, weil er in seinen Vorleben schon so viel Gutes getan hat, dann sollte dieser Mensch vielleicht auch mal darüber nachdenken, ob es nicht Sinn machen würde, den Armen und Sklaven zu helfen, aus der Schublade der Verdammnis herauszukommen. Ein Mensch sollte nicht durch seine Geburt abgestempelt werden, sondern die Chance erhalten, durch seine Taten zu zeigen, wer er (oder sie) ist.

Islam

Jetzt sollte ich mal ehrlich zugeben, dass ich den Islam nicht so wirklich gut kenne. Woran liegt das? Nun, ich bin schon ein recht alter Mann mit meinen derzeit 55 Jahren und in meinem Leben hatte die katholische Kirche 40 Jahre lang den größten Einfluß. Da war ich ja auch Kirchenmitglied bis ich mit 40 Jahren ausgetreten bin - eben weil das Gottesbild mit den Blutopfern und so weiter nicht mehr mit meinem Gottesbild vom Schöpfer, der seine Schöpfung liebt und insgesamt doch eher ein liebender als ein fordernder Gott ist, weil das einfach nicht mehr gepasst hat für mich.

Im Religionsunterricht in der Schule haben wir natürlich auch über andere Religionen gehört und über Sekten. Unter Aufsicht des katholischen Pfarrers, versteht sich. Ich bin ja in Bayern in die Schule gegangen und der Islam gehörte damals offiziell noch nicht zu Deutschland. Gerade fällt mir auf: Gehört Bayern zu Deutschland? Ich glaube schon, oder? Na egal, diese ganzen dummen Diskussionen, wer gehört zu wem, ist doch sowieso völlig Banane aus Sicht der Ausserirdischen Kompetenz in mir.

Gut, also was ich bisher schon über den Islam wusste, ist folgendes: Einst lebte ein Prophet namens Mohammed. Er hat den Koran verfasst und damit den Glauben des Islam begründet. Die Gläubigen nennt man Moslems und die Moslems sehen Jesus auch als Propheten an, nicht als den Sohn Gottes.

Die Moslems glauben an EINEN Gott, mit Namen Allah. Hier sollten wir vielleicht eines anmerken: Wenn die Moslems an EINEN Gott glauben und die Christen glauben an EINEN Gott - das könnte ja möglicherweise der selbe Gott sein.

Es existiert eine Schöpfung, da sind sich ja alle Menschen irgendwie einig. Und hierfür einen Schöpfer zu vermuten, da sind sich sehr viele Menschen auch noch einig.

Wenn wir jetzt noch feststellen möchten, dass der christliche Gott sich im Alten Testament Jahwe nennt, soweit ich mich erinnere. Die Zeugen Jehovas nennen ihn Jehova. Sprachwissenschaftlich sage ich jetzt mal ist Jahwe, Johwa, Jehowa, Jehawe alles das selbe. Erinnern Sie sich mal bitte an die Übersetzung unserer Eva, Ena, Eins aus dem Griechischen ins Deutsche.

Jahwe und Jehova - das ist der selbe Gott. Und wenn wir jetzt wissen, dass es EINEN Schöpfer geben könnte, dann könnte die Übersetzung von Jahwe aus dem Hebräischen ins Arabische eventuell Allah sein. Zwei Worte, eine Bedeutung.

Nun - unser Mohammed hat also, soweit mir das bekannt ist, den Koran geschrieben, so wie die Evangelisten das Neue Testament geschrieben haben.

Und jetzt etwas, was ich noch nicht wusste: Im Koran liest man von "Pflichten". Das ist jetzt so ähnlich wie die 10 Gebote. Wenn man es verstanden hat, dann "wirst du" bestimmte Dinge eben nicht mehr tun, bis dahin sagt man dir, "du sollst" es nicht tun.

Diese Pflichten im Islam werden auch als die Fünf Säulen bezeichnet. Hierzu gehört das Bekenntnis zum islamischen Glauben, das Pflichtgebet, die Almosenabgabe, das Fasten im Ramadan und die Pilgerfahrt nach Mekka.

Das Bekenntnis zum Glauben finden wir bei den 10 Geboten im Christentum ja auch, beziehungsweise im Alten Testament sollte man sagen, bei den Geboten, die von Moses empfangen wurden. Insoweit sollten wir nicht Jesus und Mohammed vergleichen, sondern eventuell eher Moses und Mohammed.

Nun gut, die 10 Gebote sagen ja auch "Du sollst oder wirst keine anderen Götter neben mir haben". Als Nicht-Mehr-Kirchenmitglied möchte ich mir die kleine Bemerkung erlauben, dass es irgendwie schon wie ein Marketing-Trick aussieht, wenn jemand gleich zu Beginn sagt:

"Hey, pass auf - nur meine Religion ist die richtige und dass mir ja keiner irgendwelche anderen Götter anbetet!" Gleichzeitig finden wir ja im Alten Testament auch so Aussagen, dass die Israelitischen Stämme das "Auserwählte Volk" sind, alle anderen Menschen fallen da ja erstmal nicht mit rein. Dennoch hat die christliche Kirche in den vergangenen Jahrhunderten auch stark missioniert und alle möglichen Menschen, die gar nicht zum auserwählten Volk gehören, laut "Altem Testament" doch irgendwie vom biblischen Glauben überzeugen können.

Also ich weiß ja jetzt nicht recht, aber auf mich wirkt eine Religion, die mir sagt "Pass auf, alle Menschen sind gleich vor dem Schöpfer. Es gibt weder Auserwählte noch Feinde die Du köpfen oder mit dem Schwert erschlagen musst" viel eher nach einer wahren Religion.

Wenn jemand sagt: "Nur ich habe recht, Tod allen anderen, die mir nicht glauben!", dann sträuben sich mir alle Nackenhaare - zumal ich diesmal wieder als Deutscher geboren wurde und wir Deutschen die Nazis erfunden haben, die dann massenhaft Menschen des jüdischen Glaubens verfolgt und ermordet haben. Menschen werden von Politikern für ihren Glauben ermordet, nicht von Menschen anderer Religion. Auch irgendwie strange, oder nicht?

Was hat Religion mit Politik zu tun? Sehen Sie? Alles, was dem Despoten nützt wird herangezogen um bestimmte Ziele zu erreichen. Da fragt doch wirklich niemand mehr nach Sinn und Verstand. Die Juden waren reich und die Nazis wollten das Gold. Und fertig ist das Feindbild.

Ja, ich habe auch eine Inkarnation als Jude schon gehabt. Wenn Sie fragen, "Wie kannst Du das in wenigen Sätzen beschreiben?", dann müsste ich sagen: Es war ständig ein melancholisches Gefühl in meiner Familie. Ich kann mich nicht erinnern, dass mein Vater jemals gelacht hätte.

"Depression" kommt dem Ganzen noch am ehesten nahe, doch sollte man immer bedenken, dass dies nur der Eindruck ist, den ich vor vielen Jahren in einer einzelnen Familie jüdischen Glaubens erhalten habe. Es gibt unter den Menschen jüdischen Glaubens auch Humor und es wird auch gelacht. Damals in meiner Familie eben nicht und ich glaube, die Juden in der Nazizeit hatten salopp gesagt auch keinen Grund zum Lachen.

Aber nun zurück zum Islam und den Fünf Pflichten. Das Pflichtgebet. Die Gläubigen sollen oder müssen beten. Zumindest ist es eine Pflicht, es wird erwartet, dass sie beten, wenn sie gute Gläubige sein wollen.

Nach meinem ganz persönlichen Gottesbild würde ich jetzt einfach mal sagen: Mein Schöpfer erwartet nicht von mir, dass ich bete. Dadurch, dass ich die Großartigkeit der Schöpfung bewußt wahrnehme, dass ich staune und die Schöpfung bewundere und - ja - auch liebe, dadurch findet immer, wenn ich mir der Schöpfung "bewusst" bin, ein Gebet statt. Das passiert praktisch ganz automatisch. Denn immer, wenn ich die Schöpfung bewundere und liebe, ganz gleich, ob das eine kleine Fledermaus ist, eine duftende Blume oder ein Mensch, ein Stein, ein Stück Moos, der Regen, der auf meinen Kopf prasselt oder egal was auch sonst - immer dann, wird mein Staunen und meine Liebe zum Gebet. Für mich ist ein Gebet keine Pflicht sondern etwas, das ganz von selbst geschieht, wenn ich mir der Schöpfung bewusst werde. Mein Gott braucht nichts von mir fordern oder verlangen. Es geschieht einfach, weil es so ist, wie es ist.

Dann, die nächste Pflicht im Islam ist die Almosengabe. Das ist ein sehr nobler Gedanke. Gib den Armen in dieser Welt von dem, was du hast. Gleichzeitig liegt in diesem Gedanken allerdings, wenn mir das mal erlaubt sein darf, das anzumerken, eine Spaltung.

Die Pflicht zur Almosengabe kann ich ja nur erfüllen, wenn ich selbst reich bin und es auch arme Menschen gibt. Ich weiß jetzt nicht, ob das wirklich eine "Pflicht" ist, genau wie bei den 10 Geboten "Du sollst!!!" und "Du wirst, weil du verstanden hast..." könnte es ja auch so sein, Übersetzungs- und Interpretationsfehler mit eingerechnet, dass es vielmehr so ist, dass Mohammed damit das Folgende vermitteln wollte: "Wenn du reich bist und dir begegnet ein armer Mensch, dann wirst du deinen Reichtum teilen, weil du die Schöpfung und den Schöpfer verstanden hast!"

Anders gesagt: Was du dem anderen tust, tust du dir selbst, Wiedergeburt mit einbegriffen.

Demnach macht es absolut Sinn, dass wir Menschen, alle miteinander, versuchen, dass es eben allen Menschen gut geht und dass es, falls das möglich ist, irgendwann einmal keine Menschen mehr gibt, die für ihr Überleben kämpfen müssen.

Wenn jeder Mensch ausreichend zu Essen und zu trinken hat, Kleidung und ein warmes Zuhause, dann wäre das für mich die unterste Basis, die wir hier auf unserer Erde möglichst schnell für alle Menschen erreichen sollten. Auch heute noch verhungern Menschen, auch heute noch gibt es Gebiete, in denen Trinkwasser fehlt.

Oder um es nochmal anders auszudrücken mit 40 Jahren Mitgliedschaft in der katholischen Kirche: Da hatten wir Christen 2000 Jahre Zeit den Menschen den Glauben nahe zu bringen, haben sogar eine Christliche Partei in Bayern, und immer noch, nach über 2000 Jahren, verhungern Menschen auf unserem Planeten! DAS ist ein echtes Armutszeugnis - nicht nur für die christlichen Kirchen, sondern für alle Religionen dieses Planeten!

Mark Zuckerberg hat im Moment einen kleinen Skandal an der Backe, weil er nicht so richtig auf die Daten der Fratzenbuch-Nutzer aufgepasst hat, also Facebook meine ich, Sie wissen schon.

Da wurde er jetzt angehört vor dem US-Kongress, hat sich dort so gut geschlagen dass die Fratzenbuch-Aktie über Nacht um 4,5% gesteigen ist und unser Zuckerberg damit innerhalb von 24 Stunden um 4 Milliarden US-Dollar reicher geworden ist. Das meine ich - die einen Menschen haben so grandios gute Ideen, dass Sie es schaffen innnerhalb von wenigen Jahren zum Multi-Milliardär zu werden und ich bewundere diese Leistung wirklich! Und andere Menschen verhungern gleichzeitig auf unserem Planeten. Ich weiß auch, dass Mark Zuckerberg selbst sehr viel tut und sehr viel Geld (Privatvermögen!!!) dafür einsetzt, um die Welt zu einem besseren Ort zu machen. Und ich weiß auch, dass wir alle nicht erwarten dürfen, dass Mark Zuckerberg oder Bill Gates die Welt alleine mit ihren finanziellen Mitteln "reparieren" müssen.

Ich sehe es vielmehr so: Wenn ein Mensch einfach richtig gute Ideen hat und seinen Mitmenschen etwas gibt, das von ihnen gerne angenommen wird - egal, was es ist, ein tolles Lied, ein guter Film, Haribo, ganz egal was, dann fließt das Geld der Menschen, denen gegeben werden konnte zum Urheber der guten Idee zurück. Das kann einen enormen Reichtum erzeugen und das ist auch völlig in Ordnung so.

Würde man jetzt sagen, pass auf, für jede Million, die zu Dir fließt musst du einen Liter Milch trinken, hätte ich persönlich mein Schnapsglas sehr schnell ausgetrunken und Mark Zuckerberg müsste wohl den Bodensee austrinken. Die Frage ist doch dann: Kann es auch mal jemandem zu viel Reichtum werden?

Und andere verhungern und verdursten und möchten vielleicht nur ein Glas vom Bodensee jeden Tag trinken. Irgendwie denke ich haben in Bezug auf dieses grundsätzliche "Basisproblem" alle Religionen versagt, bisher.

Vielleicht könnte die Politik da helfen?

Trump droht gerade damit, in Syrien Raketen einzusetzen, die Russen drohen schon zurück und ich selbst habe damals, das ist jetzt schon knapp 20 Jahre her, bei der Erforschung der Nostradamus-Verse aus den Prophezeiungen herausgedeutet, dass die USA in Bezug auf Syrien ein paar Jahre nach 2012 derart den Hintern voll bekommen, dass sie sich davon nur schwer erholen werden. Warten wir's mal ab. Ich finde, es ist eine echt spannende Zeit momentan.

Die Indianer sagen: "Nicht der ist reich, der viel besitzt, sondern der, der viel hergibt."

Die vierte Pflicht im Islam ist das Fasten im Ramadan. Der Ramadan ist, soweit ich weiß, ein heiliger Monat. Warum gefastet wird hat mir Wixipedia nicht gesagt. Leider. Es mag wohl so sein, dass das nicht nur religiöse Gründe sondern vielleicht auch spirituelle Gründe hat, dass man durch das Fasten irgendwie entweder einen besseren persönlichen Bezug zu Allah bekommt oder dass es eine Form der Wertschätzung, also wie ein "Opfer" für Allah sein soll. Wie gesagt - ich weiß es nicht und das ist ein Zeichen dafür, dass ich im Grunde den Islam noch nicht wirklich kenne oder verstehe.

Die fünfte Pflicht ist die Pilgerfahrt nach Mekka. Mekka ist für die Moslems ein heiliger Ort, ich meine, dass Mohammed dort gewirkt hat, das mag vielleicht der Grund dafür sein.

Aber - und jetzt komme ich ENDLICH auch zu diesem Punkt - was sehr viele Menschen vom Islam wissen, ist, dass es diesen "Heiligen Krieg" gibt, den Dschihad, und die Gotteskrieger, die Dschihadisten. Daneben gibt es noch die Islamisten, die Hassprediger, den "Islamischen Staat", die islamistischen Terroristen und den Terror mit islamistischem Hintergrund.

Insgesamt also eine Fülle von schrecklichen fürchterlichen Dingen, die heute mit dem Islam verbunden sind oder verknüpft werden.

Eine Religion die versucht, durch das Ermorden der Ungläubigen die Oberhand zu gewinnen ist in meinen Augen nur als "erbärmlich" zu bezeichnen. Und hier beziehe ich mich in erster Linie auf die Inquisition und die Durchführung der Kreuzzüge, an denen ich selbst in früheren Leben ja auch beteiligt war.

Ich meine, wenn es um den wahren Islam geht, dann finden wir auch dort einen "Schöpfer" der die Welt erschaffen hat. Falls dort im Koran, und ich muss zugeben, ich habe den Koran selbst bisher noch nicht gelesen, falls dort also wirklich drin steht, dass die Ungläubigen alle umzubringen sind, dann würde ich behaupten, das ist keine gute Religion. Ich denke aber vielmehr dass es wiederum eben nur die "Interpreten" sind, die wie ein Hitler das Volk der Gläubigen aufhetzen, damit sie den "Heiligen Krieg" kämpfen.

Es gibt keinen "Heiligen Krieg" - schon die Wortschöpfung ist absolut gehirnkrank. Heilig kommt von "heil", "heilen", nicht von umbringen, köpfen, abschlachten, in die Luft sprengen, mit dem LKW überfahren und zerquetschen. Es gibt nur den teuflischen Krieg der einzig und alleine Leid und Hass erzeugt.

Es gibt NIEMALS den "Heiligen Krieg", jeder der das behauptet, predigt oder glaubt ist nicht ganz bei Trost, wie wir hier in Bayern sagen.

Und ich weiß wovon ich spreche, da ich mit den ersten Kreuzzügen ebenfalls aufgebrochen bin ins "Heilige Land" um die "Heiligen Stätten" der Christenheit von den Ungläubigen zu säubern. Wir dachten, es wäre nobel und ehrenhaft und wir müssten das für die gläubigen Christen tun und dann haben wir im Tempel von Salomon diese uralten Schriftrollen gefunden. Wir waren Templer und diese Schriftrollen haben für uns alles verändert.

Die Wahrheit, die uns angedreht und verkauft wird, ist NICHTS im Vergleich zu der Wahrheit, die du finden kannst, wenn du die richtigen Techniken zur Verfügung hast.

Wenn du einmal den ganz persönlichen Zugang zum "göttlichen Wissen" selbst eröffnet bekommen hast, dann brauchst du keinen Prediger oder Interpreten von irgend welchen Schriften mehr. Dann bist du selbst ein Quell göttlichen Wissens.

Wir haben uns damals, als ich ein Templer war, Leute suchen müssen, die uns diese alten Schriften übersetzen konnten. Wir wussten ja am Anfang gar nicht, um was es da geht und damit wir nicht blöd aussehen, wenn wir irgend einen Schmarrn zur Prieuré nach Frankreich schicken, haben wir Tempelritter uns damals dazu entschlossen, diese alten Schriften zunächst übersetzen zu lassen, bevor wir sie nach Frankreich zu unserem Papst und zur Prieuré de Sion, wie sie heute genannt wird, schicken würden.

Es hat eine ganze Zeit gedauert, bis wir jemanden fanden, der die alten Dokumente lesen und übersetzen konnte. Doch - und das würde ich auch heute noch als großes Kompliment aussprechen wollen - im heiligen Land gab es eben auch sehr gelehrte Menschen, nicht nur in Frankreich und Italien, damals.

Wir haben ziemlich schnell begriffen, wie explosiv das Wissen sein könnte, das in den Dokumenten zu finden war. Wir haben uns dann auch dazu entschlossen, entweder das absolute Vertrauen und Stillschweigen unseres Übersetzers zu gewinnen oder das Wissen auf mehrere Übersetzer aufzuteilen, so dass es nicht dazu führen würde, dass EINER alles wissen würde. Wir hatten auch überlegt, weil solche gelehrten Übersetzer Mangelware waren, ob wir den Übersetzer, den wir gefunden hatten, nach getaner Arbeit einfach umbringen sollten, damit er das Wissen nicht selbst nutzen oder, was noch viel schlimmer gewesen wäre, an andere verraten konnte. Damals gab es ja noch keinen Buchdruck und es war sehr leicht zu kontrollieren, dass der Übersetzer eben keine illegale Raubkopie anfertigen würde.

Und im Laufe der Zeit, als wir erkannten, wie wir dieses Wissen nutzen könnten und um was es da wirklich ging, war es auch absolut klar für uns, dass wir niemals den Übersetzer umbringen würden. Denn das wäre der völlig falsche Weg gewesen.

Allerdings haben wir uns dazu entschlossen, die Dokumente eben nicht "zuhause" abzuliefern. Weder der Papst noch die Prieuré haben diese Dokumente jemals aus unseren Händen erhalten.

Die Templer wurden reich, der Papst wurde sauer und dann wurde vom Papst zusammen mit dem König von Frankreich (das war echt ein jämmerlicher Zeitgenosse damals) die massenhafte Ermordung unserer Templer beschlossen und auch ausgeführt.

Insgesamt war das für mich eine der interessantesten Inkarnationen überhaupt. Und ich hatte damals auch Moslems als Freunde. Es erweitert den Horizont ganz ungemein, wenn man Menschen aus anderen Kulturkreisen kennen lernt und es ist ein großes Glück, wenn man sie dann auch als "Freunde" bezeichnen darf.

Heute haben so viele Menschen Angst vor dem Islam, gerade auch wegen all dem Terror, der "im Namen Allahs" begangen wird. Das ist sehr schade. Nicht der Islam ist gewalttätig. Die Menschen sind es. Es ist immer wieder das selbe, über all die Jahrhunderte hinweg.

Es geht wie immer nur um Macht. Es ist die Gier mancher Menschen, die dazu führt, dass sie andere verführen, in die Irre leiten und als menschliche Schutzschilde und Erfolgsgehilfen ausnutzen.

Jeder Mensch, der ein bisschen Verstand besitzt, sollte aufgefordert sein, nach innen zu gehen, die persönliche Reise anzutreten um sich Selbst zu erkennen. Dort innen wirst du Gott begegnen. Dann brauchst du keinen Verführer mehr dort draußen, keinen Hassprediger, keinen Imam.

Dann wohnt die Weisheit in dir selbst. Wer Gott in sich selbst entdeckt, der lebt im Frieden. Für einen solchen Menschen gibt es absolut keinen Grund mehr einen anderen aus religiösen Motiven heraus zu töten.

Und wer durch sein Selbstmordattentat darauf hofft im "Jenseits" von 72 Jungfrauen verwöhnt zu werden, dem kann ich nur raten: "Trage deinen Sprengstoffgürtel nicht so tief, dass er deine Genitalien zerfetzt. Sonst hast du nix mehr davon!" Und es soll ja auch wirklich hässliche Jungfrauen geben. Die hübschen Frauen bleiben ja nicht ewig Jungfrau. Schon mal drüber nachgedacht? Im übrigen ist das wie die Möhre für das Pferd, die vor die Nase gehalten wird, damit es den Karren zieht. Die klugen Pferde merken sehr schnell, dass sie noch so rennen können und die Möhre trotzdem nie erreichen.

Wenn wir sterben dann sind dort keine 72 Jungfrauen die nur auf einen verblödeten Attentäter warten.

Es ist genau so, wie im irdischen Leben: Wenn du hier von schönen Frauen umgeben warst, warum sollte es im Jenseits anders sein? Und wenn du hier die Frauen wie Menschen zweiter Klasse behandelt hast, warum sollten sie dir dann da "drüben" nachlaufen?

Ich weiß nicht, welcher Schwachkopf auf diese irrsinnige Idee mit den 72 Jungfrauen gekommen ist. Das kann nur ein geiler Bock gewesen sein, der versucht die Triebe anderer geiler Böcke auszunutzen, damit sie im Irrglauben für seinen Machtmissbrauch sterben, damit er selber die Rübe nicht hinhalten braucht.

Es gibt dort drüben keine Jungfrauen - nochmal für alle - dort drüben sind geistige Wesen. Es ist ein Ort voller Liebe, es kann aber auch die Hölle sein voller Qualen. Was den Verstorbenen drüben erwartet, hängt auch davon ab, was der Sterbende drüben erwartet.

Wer die Schöpfung und die liebevolle Hingabe des Schöpfers, egal wie er heißt, Allah, Gott, Manitu, nicht verstanden hat und absichtlich Menschen mit in den Tod reißt, der landet im Leid, im Verderben und in der Qual.

Und die, die die Liebe schon auf Erden "erahnt haben" brauchen drüben keine Jungfrauen, weil es dort nicht um Ficken und Bumsen geht. Irgend etwas läuft da bei den islamisitischen Attentätern gewaltig verkehrt und das vergiftet die ganze Religion des Islam.

Die Kreuzzüge werden den Christen auch nach vielen Jahrhunderten immer noch vorgeworfen. Liebe Moslems, passt auf, dass man Euch nicht ebenfalls noch in Jahrhunderten den Dschihad vorwirft.

Eine Religion des Friedens und der Liebe kommt der Wahrheit und dem Schöpfer sehr viel näher als jede religiös motivierte Bluttat.

Judentum

Das Judentum hat die selben Wurzeln wie das Christentum. Die Grundlage des jüdischen Glaubens sind die fünf Bücher des Moses, die Tora.

Auch die Tora habe ich nicht komplett gelesen, jedoch kenne ich die Geschichte von Moses und das Alte Testament.

Und wir haben im Religionsunterricht damals, als ich noch jung und frisch war, gelernt, wie die fünf Bücher des Moses heißen: Genesis (das ist die Schöpfungsgeschichte, Adam und Ena usw.), Exodus (das ist der Auszug aus Ägypten), Leviticus, Numeri und Deuteronomium. Zu den letzten dreien kann ich jetzt aus dem Stand heraus nicht viel sagen.

Zum Exodus vielleicht noch ein kurzes Wort: Wir hatten ja jetzt gerade erst Ostern hier und da laufen immer die tollsten christlichen Filme im Fernsehen. Unter anderem auch der alte Monumentalfilm "Die 10 Gebote". Da geht es genau um die Zeit der Israeliten in Ägyten, die lange Gefangenschaft und Sklaverei und die Befreiung des von Gott auserwählten Volkes durch Moses. Und was mir aufgefallen ist (warum muss man da erst so alt werden, bis man so etwas merkt? Oder bin nur ich immer so begriffstutzig?) - nun, was mir aufgefallen ist, ist folgendes: Moses ist auf den Berg geklettert um mit Gott zu quatschen, Entschuldigung, zu reden. Und in der Zwischenzeit sind die Israeliten unten in totale Feierlaune verfallen, haben herumgehurt, wie man so schön sagt, und sich gegenseitig wollüstig vergnügt, und - jetzt kommts - irgend so ein Depp, der aus Ägypten mit ausgereist war (im Film!!) hat jetzt alles Gold einsammeln lassen um daraus einen riesigen Goldenen Widder (oder war es ein Kalb?) gießen zu lassen. Da plötzlich musste ich mich fragen, als ich diese Tonnen an Gold gesehen habe, goldene Schüsseln noch und nöcher, da musste ich mich plötzlich fragen: "Hä? Die waren doch alle Sklaven in Ägypten.

Wo haben die denn jetzt auf einmal das ganze Gold her? Haufenweise Gold! Was war denn das für eine Sklaverei?"

Merken Sie was? Die ziehen aus Ägypten aus, diese ewig lange versklavten Menschen und haben tonnenweise Gold dabei. Wie geht das denn?

Ich habe darauf noch keine Antwort. Nur eines weiß ich. Im Geschichtsunterricht haben wir erfahren, dass Napoleon "verbannt" wurde auf die Insel Elba. Woooh. Exil, Verbannung - wie schrecklich. Als ich das Glück hatte in jungen Jahren mal einen Urlaub auf Elba zu machen (in DIESEM Leben wohlgemerkt), habe ich auch die Villa von Napoleon dort besichtigt. In der Schule hatte ich mir dieses Exil, die Verbannung, echt schrecklich vorgestellt, der arme Napoleon! Und dann sehe ich die Napoleon-Villa auf Elba. Ein Prachtbau, ein Palast. Na, da wird dir auf einmal klar, wie die Dinge laufen. Es wird einem als Verbannung verkauft und in Wirklichkeit ist es ein Jahre andauernder Luxus-Urlaub eines Despoten, der irgendwann einmal wieder Lust aufs Regieren bekommt und dann nach Frankreich zurückkehrt. Dem ging es doch nicht einen einzigen Tag schlecht im Exil. Der hatte dort ein paradiesisches Leben, mal abgesehen von seinen dauernden Leberschmerzen. (Wer's trinken nicht verträgt, hi hi...)

Nun - zurück zum Judentum. Im Judentum gibt es ebenfalls EINEN Gott, Jahwe.

Wir in Europa wissen sehr gut um die Judenverfolgung in Deutschland durch das Nazi-Regime, die Arbeitslager, Konzentrationslager, die Vergasungen der völlig abgemagerten Menschen dort. Und auch heute gibt es immer noch Menschen in Deutschland die eine Verschwörung der Juden vermuten.

Auch dazu möchte ich einmal ein paar Sätze loswerden. Ich war in meinem jetzigen Leben 12 Jahre bei der Bundeswehr und habe dort auch an der Universität der Bundeswehr studiert. Während des Studiums hatten wir Mittwoch nachmittag immer unseren militärischen oder politischen Tag.

Da fanden Leistungsmärsche statt, Schießübungen oder Vorträge, sogenannte "politische Bildung". Eines Tages, und daran kann ich mich noch sehr genau erinnern, hatten wir eine Veranstaltung im Audimax, das ist das Auditorium Maximum. Beinahe hätte ich geschrieben wir waren Gladiatoren, aber das waren wir nicht. Das sind einfach so lateinische Bezeichnungen, die die Akademiker sehr gerne nutzen, um sich vom Rest der Menschheit wohlwollend abzuheben.

Also in unserem Audimax, da waren vielleicht so an die 400 junge Offiziere drin versammelt, da kam ein Sprecher, der eben über die Judenverfolgung des Nazi-Regimes gesprochen hat. Ich meine, es ist schon ein delikates Thema, vor 400 deutschen Offizieren über das Thema Judenverfolgung im Dritten Reich zu sprechen. Aber auch sinnvoll, weil ja doch ganz vereinzelt auch Nazis unter den Offizieren waren - einen habe ich selbst kennen gelernt, der kam schon am ersten Tag mit Hitlerbart zur Kaserne. Der war braun, durch und durch, Sohn eines ebenso braunen Vaters. Na egal. Der Vortragende hat dann mit seiner ganzen Autorität behauptet, dass alle Deutschen eine "Erbschuld" für die Verbrechen der Nazis tragen. Mich hat es damals schon gegruselt und geekelt. Es gibt keine Erbschuld, für gar nichts !!!

Ich konnte nichts verhindern, ich war damals noch nicht auf der Welt - zumindestens, wenn ich das jetzt mal auf mein jetziges Leben beziehe. Also - wenn ich nichts Böses getan habe und auch nichts hätte verhindern können, weil ich noch gar nicht geboren war - wie sollte ich dann eine Schuld dafür bekommen? Das sind eben solche giftigen Gedanken, wie wir sie leider noch allzu oft auf unserer Welt finden.

Und gerade jetzt noch einmal aus jahrzehntelang anhaltendem aktuellen Anlass: Wenn in Israel Juden gegen Palästinenser kämpfen und sie sich gegenseitig umbringen, seit Jahrzehnten - bisher ohne Aussicht auf Besserung - bitte sehr, wie klug sind dann solche Gedanken wie "ERBSCHULD"????

So und jetzt kommts ganz dick: Wer solche dummen Gedanken wie "Erbschuld" für irgend ein Fehlverhalten in die Welt setzt, der darf niemals erwarten, dass auch nur irgendwo eine Waffe freiwillig niedergelegt wird. Das ist der völlig falsche Ansatz!

Man hat mir ja im Rahmen einer Europaweiten Aktion im Jahre 2012 den Friedensnobelpreis verliehen und ich habe bisher recht wenig getan, um mir diesen Preis wirklich zu verdienen. Ich habe (in meinem jetzigen Leben) noch keinen Krieg angezettelt, ich habe aber auch noch keinen Krieg beendet oder verhindert. Alles, was ich getan habe war für mich völlig selbstverständlich. Ich fühle mich geehrt durch die Verleihung des Friedensnobelpreises, ich nehme ihn auch dankend an, habe aber seitdem auch das Bedürfnis irgend etwas zu tun, um mir diesen Preis nachträglich wenigstens ein bißchen mehr zu verdienen.

Und deshalb finde ich es wichtig, solche heiklen Themen ruhig auch mal anzusprechen. Vielleicht hilft es ja, dass der oder die eine oder andere sich mal ein paar "friedliche" Gedanken darüber macht, was auf unserer Welt so alles falsch läuft oder aus dem Ruder, wie man so schön sagt.

Okay - also - es gibt keine Erbschuld. Ich persönlich lehne jede Mitschuld an den Nazi-Verbrechen gegen die Juden ab.

Gleichzeitig möchte ich aber ebenso sofort folgendes feststellen: Ja, ich erkenne für mich persönlich, dadurch, dass ich einen sehr gut funktionierenden Verstand habe, absolut eindeutig, dass es meine Pflicht und eine absolute Selbstverständlichkeit ist, aus der Geschichte der Menschheit zu lernen. Ich habe erfahren, welche Greueltaten vom Nazi-Regime unter stillschweigender Duldung einer breiten Mehrheit, gegenüber den Juden ausgeführt wurden.

Die Reichspogromnacht habe ich damals im Geschichtsunterricht und im Fernsehen noch als Reichskristallnacht kennen gelernt.

Das klingt ein bißchen nach Weihnachten, entschuldigen Sie bitte diese flappsige Bemerkung. Doch egal, welchen Namen wir dieser Nacht geben. Es ist eine Nacht der grauenhaften Verbrechen gegen eine bestimmte Gruppe von Menschen, in diesem Fall gegen die Juden. Und - das habe ich gelernt - so etwas darf sich nicht wiederholen. Es darf nie wieder eine Reichspogromnacht geben.

In diesem Zusammenhang fällt mir ein, dass die Türken gerade die Kurden jagen, und dass Assad in den letzten Tagen schon wieder eine seiner Faßbombem auf die syrischen Rebellen geschmissen hat und dabei absichtlich auch Kinder und Frauen ermordet hat.

Es gibt beinahe jeden Tag irgendwo auf unserer Welt eine (verharmlosend ausgedrückt) sogenannte "Reichskristallnacht". Mir persönlich bereitet das große Sorgen. Gewalt ist der falsche Weg - das sei mal allen Gewaltverbrechern da draußen ganz offen so gesagt!

Also, was haben wir? Den Hass gegen die Juden, den Begriff Antisemitismus kennt hier auch jeder, der zu Deutschland gehört, stimmts?

Erst vor ein paar Tagen wurde ein Mädchen jüdischen Glaubens von Mitschülern mit islamischem Glauben gemobbt. Wann und wo fängt so ein Problem eigentlich an? Im Elternhaus! Die ersten Diskussionen gingen prompt in die Richtung, man sollte die jüdischen Schüler separieren, also praktisch aus den gemischten Klassen rausnehmen. Auch das ist der falsche Weg. Dieser Weg erscheint einfach umzusetzen und verspricht die Lage schnell zu beruhigen, indem weitere Übergriffe durch räumliche Distanz verhindert werden. Doch Distanz hat noch nie zwei Menschen zueinander gebracht. Ein richtiger Weg würde sein, alle Betroffenen zusammen zu bringen und das Verhalten, das wir hier in Deutschland als falsch und unduldbar erachten, offen anzusprechen.

Den jungen Menschen darf, sollte und muss klar werden, dass wir, mit unserer Nazi-Vergangenheit, für die wir keine Schuld haben, aber aus der wir die Verantwortung für die Zukunft erlernt haben, dass wir also auch und gerade heute WERTE haben, die wir leben und für die wir einstehen.

Und solche Werte sind zum Beispiel: Wir respektieren und tolerieren alle Menschen, egal, welchen Glauben sie haben! Keine Religion ist besser oder mehr wert als irgend eine andere. Wenn junge Menschen den jüdischen Glauben haben, dann ist das genauso gut und wertvoll als wenn junge Menschen den islamischen Glauben haben. Es geht immer um ein miteinander und dazu gehört eben, dass jeder von uns, jung und alt, die Mitmenschen akzeptiert.

Wir sollten Werte haben, nach denen wir leben und wir sollten auch eintreten dafür, dass diese Werte hier in unserem Wirkungskreis gelebt werden!

Zurück zum Thema Juden und Antisemitismus. Ja, die Juden waren sehr reich damals im Dritten Reich. Trotz allem sollte man auch wissen, dass es den Juden über Jahrhunderte auch in vielen anderen Ländern extrem erschwert wurde, einen gerechten Zugang zu "normalen Bedingungen" zu erhalten.

In Rußland durften sie lange nicht studieren, soweit ich gelesen habe und es gab immer wieder Zeiten in vielen Ländern, wo Juden auch für ihren Glauben verfolgt und schlecht behandelt wurden. Nostradamus, der legendäre französische Seher und Prophet, stammte aus einer jüdischen Familie, die unter dem Druck der katholischen Kirche zum Christentum konvertiert war.

Unterdrückung und Verfolgung begleiten die jüdische Geschichte schon seit Jahrhunderten. Dennoch sollte jeder, egal ob Jude oder Palästinenser, Türke oder Kurde, Russe, Amerikaner, Deutscher usw. - eben jeder - sich einmal fragen was er oder sie eigentlich will: Krieg, Hass, Ablehnung - oder Frieden, Verständnis und Akzeptanz?

Das wäre doch toll, wenn jeder einen Zettel zur Abstimmung bekommen würde. Ich wette, die meisten Menschen, die einen klugen Verstand haben, kreuzen Frieden, Verständnis und Akzeptanz an. Alle anderen sind nicht ganz bei Trost, wie wir hier in Bayern sagen.

Und noch etwas zum Thema Judenverschwörung. Ganz ehrlich? Man kann sich auch selbst verrückt machen mit all den Verschwörungstheorien. Ich sage immer - erkenne dich selbst und dann sei einfach du selbst. Die meisten Menschen, die etwas Schlimmes tun, haben einfach nur bisher nicht alles richtig erkannt. Ein Mensch, der in der Erkenntnis lebt kann sehr wohl zwischen richtig und falsch unterscheiden.

Es gibt Werte, die richtig gut sind - es liegt an uns, diese zu definieren und dann danach zu leben.

Vielleicht fällt es einigen Nazis leichter, Juden zu akzeptieren, wenn sie sich mal vor Augen halten, dass es sehr viele ganz großartige Menschen gibt, die einen jüdischen Glauben haben: William Shatner, unser Captain Kirk und Leonard Nimoy, unser Mister Spock. Steven Spielberg - er ist einer der Regisseure, der schon allein durch seinen Namen einen Qualitätsstempel mitbringt. Wenn du ins Kino gehst und weißt nicht, was du anschauen kannst und du siehst es läuft ein Spielberg Film, dann schau dir den an. Mit allergrößter Wahrscheinlichkeit wird dich der Film begeistern. Und das meine ich: Jedes "Volk", jede Gruppe von Menschen, und sei sie noch so klein, kann wirklich großartige Menschen hervorbringen. Es ist völlig egal, ob jemand Jude ist oder Kurde oder was auch immer. Das sagt überhaupt nichts über den Menschen selbst aus. Gal Gadot zum Beispiel kommt aus Israel, hat dort in der israelischen Armee gedient. Sie hat jetzt schon in mehreren Filmen die Rolle der Wonder Woman gespielt. Und ich sage das jetzt mal als Mann: Sie ist echt hübsch und sehr schön anzusehen. Für mich ist es total okay, dass sie aus Israel kommt.

Oder nehmen wir die Marvel Filme: Iron Man, die Avengers, Captain America, Hulk - da kannst du praktisch jeden Marvel Film der letzten Jahre nehmen. Sie alle sind technisch gesehen auf höchstem Niveau, als 3D-BluRay ein echter Genuß. Wenn heute ein neuer Marvel-Film ins Kino kommt, dann behaupte ich einfach mal: Wenn du Superhelden-Filme magst, dann wirst du den Marvel-Film lieben.

Stan Lee, heute schon 95 Jahre alt, hat die Superhelden erfunden und spielt immer wieder auch in ganz kleinen Rollen in den Filmen mit. Der Mann ist fantastisch. Was er im Leben erschaffen hat ist so derart großartig, das kann man fast nicht beschreiben. Für mich zählt er zu den ganz Großen, die derzeit hier auf unserer Erde leben. Die Welt wäre sehr viel ärmer, wenn es ihn nicht gegeben hätte. Ach ja - ist er Jude? Ganz ehrlich: Ich weiß es nicht. Und es ist mir absolut völlig egal. Und das ist es, was ich meine. Es sind doch immer nur unsere Vorurteile, irgend welche dummen Meinungen, die uns in die falsche Richtung führen.

Wer keine Juden mag, der nimmt sich selbst so viel, dass es echt traurig wird.

Es ist sowas von egal, ob jemand ein Kurde, ein Moslem, ein Palästineser oder ein Eskimo ist. Es geht nicht darum, wer den andern am besten und effektivsten umbringen kann.

Wir haben EINEN Planeten und täglich verhungern Menschen und wir haben es nach über was weiß ich wie vielen tausenden von Jahren immer noch nicht geschafft, dass alle Menschen ausreichend zu essen haben. Und da müssen wir erleben und zuschauen, wie Türken Kurden jagen? Sag mal - ist das normal auf dieser Welt? Das ist doch sowas von krank.

Das sind die echten Probleme, dass zu viele Menschen noch zu gierig nach Macht sind und wenn sie sie haben, dann nutzen sie sie, um andere Menschen zu unterdrücken.

Es ist vielleicht gewagt, wenn ich das jetzt so schreibe, aber ich sage mir: Immer frei raus damit, dann kann sich jeder mal seine eigenen Gedanken dazu machen.

Wir Deutsche hatten schon unseren Hitler. Und es ist echt schwach, so im Nachhinein betrachtet, welche Untaten und wie viele Millionen tote Menschen auf dessen Konto gehen - und kein Deutscher hat es damals geschafft, diesen Verbrecher auszuschalten. Ich spreche jetzt nicht mal vom Tyrannenmord, denn das ist ja auch wieder irgendwie eine Bluttat. Doch trotzdem: Niemand hier in Deutschland hat es geschafft, diesem Volldeppen das Handwerk zu legen.

Irgendwie - und solche Vergleiche sind ja immer auch ein bißchen heikel - habe ich hier in Deutschland schon gesehen, dass auch andere Menschen mit Hitler verglichen werden. Angela Merkel wird von den Griechen als Hitler bezeichnet. Der türkische Präsident Erdogan, der amerikanische Präsident Donald Trump, der "blonde Hitler", der als Rassist und Frauenverächter auf dem vielleicht wichtigsten Stuhl der Welt sitzt, Kim Jong Un, der legendäre Rocket Man aus Nordkorea, Vladimir Putin der mit dem Krieg in der Ukraine in Verbindung gebracht wird, und so weiter. Bei allen habe ich schon Vergleiche mit Hitler gelesen oder gehört. Das sind jetzt auch wieder solche "populistischen" Phrasen, die wirklich niemandem helfen. Die Frage ist doch: Wo entstehen oder bestehen denn wirklich echte Probleme auf unserem Planeten? Ich denke, da haben wir in wenigen Minuten haufenweise Probleme zusammen gesammelt, oder? Und dann die Anschlußfrage: Wer kann helfen, diese Probleme zu beheben und zu lösen? Und wenn ich so unsere Politiker anschaue, dann sollten das doch die besten und klügsten Köpfe der Welt sein, oder etwa nicht?

Haben Sie den Eindruck, dass die, die wir als Regenten sehen, wirklich die Besten sind, die es auf unserem Planeten gibt?

Wenn Sie jetzt Ja sagen, dann sind wir auf einem guten Weg. Wenn Sie Nein sagen, dann läuft schon wieder etwas aus dem Ruder.

Hilfe, wir sitzen alle im selben Boot und ein Idiot ist am Steuer, das von Klippen und Sturm KEINE AHNUNG hat. Wie dumm ist das denn?

Nun doch noch einmal kurz zurück zum Judentum. Die Tora, die Grundlage des jüdischen Glaubens, beinhaltet die fünf Bücher des Moses, sind also praktisch gesehen die selbe Grundlage wie das Alte Testament für den christlichen Glauben. Nur dass die Juden eben Christus nicht als ihren Messias erkannt haben und, wie man sich erzählt, auch heute noch auf den "Erlöser" warten.

Da ergibt sich wieder so eine seltsame Frage: Wenn die einen (die Christen), den Erlöser schon vor über 2000 Jahren gefunden haben und die anderen (die Juden) noch immer auf den Erlöser warten, und alle im selben Boot sitzen - was hat dann der Erlöser überhaupt bewirkt? Die, die glauben, den Erlöser erkannt zu haben sind ja genauso dran wie die, die noch warten. Ich kann da keine großen Unterschiede erkennen. Wir leben alle in der gleichen Welt. Ob jetzt ein Erlöser da war oder nicht macht für den unwissenden Betrachter erstmal absolut keinen erkennbaren Unterschied.

Insofern könnte man sich dann wohl auch berechtigt fragen, ob nicht die Frage nach dem Schöpfer, nach der Urquelle, viel wichtiger ist, als die Antwort, ob der Erlöser schon da war, oder ob er erst noch kommt. Wenn Sie mich fragen, dann kommt auch die Erlösung der Menschen immer nur von innen und nicht von außen.

Erlösung hat mit "Lösen" zu tun. Du bist nicht mehr gefangen oder gebunden, du bist frei, losgelöst. Erlösung beginnt innen - indem wir uns selbst lösen, von den Dingen, die uns gefangen halten. Ein göttlicher Ansatz, finden Sie nicht auch?

Naturreligionen

Die Naturreligionen sind vor allem eines: Authentisch. Da haben die Menschen ganz einfach erkannt, wie großartig die Schöpfung insgesamt ist und bei dem Versuch, eine passende Erklärung für all die Wunder der Natur zu finden, sind sie darauf gekommen, dass hinter all dem Erschaffenen nur ein göttliches Wesen sein kann oder auch mehrere.

Die Naturreligionen unternehmen den Versuch, die großen Gesetze der Schöpfung mit göttlichen Funktionen zu erklären.

Wenn wir wissen, dass es geistige Wesen gibt, die für die Pflanzen zuständig sind, Feen und Devas, oder die sogenannten Zwerge und Gnome, die für die Mineralien verantwortlich zeichnen oder die Devas, die sich um Bienen- und Wespenvölker kümmern, dann sind die Naturreligionen vom Ansatz her schon vergleichsweise sehr nahe dran an den zahlreichen Realitäten der göttlich beseelten Schöpfung.

Im Wesentlichen finden wir auch heute noch Naturreligionen bei den Völkern, die sehr stark mit der Natur verbunden sind. Seien es die Indianer Nordamerikas oder die Afrikaner oder die Aborigines in Australien. Durch direkten und intensiven Kontakt mit der Natur, gepaart mit geistiger Offenheit und einer ausgeprägten Intuition, ist es nur allzu natürlich, dass die derart sensiblen und offenen Menschen die kleinen und großen Zusammenhänge zwischen dem göttlichen Schöpfergeist und der Natur erkennen. Sie wissen ja bereits, dass ich schon als Indianer gelebt habe. Dort war ich allerdings kein "Medizinmann", sondern eher ein Fischer und schließlich ein Krieger. Meine Naturverbundenheit und mein fester und tiefer Glaube an den großen Geist, unseren Manitu, war allerdings sehr ausgeprägt. Es war mir stets eine Basis für ein erfülltes und glückliches Leben, bis der weiße Mann kam, in unsere Welt eindrang und mit seiner unbegrenzten Gier nach Macht und Reichtum unsere Welt beinahe völlig zerstört hat.

Auch als Afrikaner habe ich bereits gelebt. Dieses Leben war ebenfalls sehr Naturverbunden, allerdings auf eine etwas rustikalere Art, würde ich mal sagen wollen. Das Tanzen hat mir sehr viel Spaß gemacht und im Gesensatz zu heute fiel mir damals das Laufen über weite Strecken sehr leicht. Da war ich ja auch gut trainiert und schlank, heute bin ich einer dieser genussvoll satt gefressenen Menschen, die leider viel zu fett sind. Man könnte auch sagen, für mein Gewicht bin ich deutlich zu klein geraten. Allerdings, wenn ich die Größe hätte, die ich mit meinem Gewicht bräuchte, dann würde ich nicht mehr in meine Autos passen. Sie sehen schon - wer keine Probleme hat, der sollte sich auch besser keine wünschen.

Damals, als Schwarzer, kam ich auch in Kontakt mit den Voodoo-Kräften, denen ja auch geistige Gesetze zugrunde liegen. Alles macht Sinn, wenn man erkennt, wie die Schöpfung aufgebaut ist. Die Natur in ihrem Zauber und ihrer Großartigkeit zu erkennen bedeutet natürlicherweise auch, den göttlichen Geist in der Schöpfung zu erkennen. Das hat nichts mit Verstand zu tun, das fühlt man im Herzen. Und auch den Zweiflern darf man sagen: Das, was wir mit dem Herzen erkennen, kann natürlich ein Trugschluss sein. Doch wenn es sich im Herzen gut anfühlt, dann kann es nicht so ganz verkehrt sein. Der Verstand fühlt ja nichts, das ist sein großes Manko.

Es dürfte wohl allen Menschen, die intensiveren Kontakt zur Natur haben, leichtfallen an einen Schöpfergeist zu glauben. Da es sehr viele Naturreligionen gibt und wir hier in diesem Buch auch keine Wertung abgeben möchten, wie gut oder richtig solche Religionen sind, möchte ich Sie bitten, sich eigene Gedanken zu den Wundern der Natur, den kleinen und großen Zusammenhängen zu machen, durch die Sie selbst auf ganz persönliche Weise Gott erkennen können.

Sonstige Religionen

Bei sonstigen Religionen fallen mir als Erstes die Zeugen Jehovas ein. Die sind ja erstaunlich gut über die Bibel informiert. Wenn ein Zeuge Jehovas ein Buch liest, dann ist es beinahe immer die Bibel - oder eine der zahlreichen Schriften, die für die Zeugen gedruckt werden.

Ein Zeuge ist doch jemand, der etwas gesehen hat, oder? Ach, lassen wir das. Heute soll mal nicht gelästert werden.

Ein paar Dinge stören mich allerdings bei den Zeugen schon, die sollen mal kurz erwähnt werden. Angeblich hat ein Illuminat die Zeugen Jehovas gegründet. Da gibt es Bücher von David Icke, wenn man die liest, haut es einem den Vogel raus. Der schreibt lauter so unglaubliche Sachen, da weiß man am Ende gar nicht mehr, wem man noch was glauben darf. Lauter Verschwörungstheorien, die teilweise aber erschreckend plausibel sind. Allerdings wird man für die allermeisten seiner Behauptungen keinerlei Hinweise oder Beweise finden können. Entweder sind alle diese Verschwörungen derart geheim, dass wir alle trotz Google und Internet nicht an genau diese Detail-Informationen kommen, oder vieles wird einfach nur behauptet. Da ich selbst in einem früheren Leben auch einen Geheimbund mit-gegründet habe, weiß ich, dass zumeist durchaus edle Gedanken der Auslöser für solche Geheimbünde sind (oder sein können). Es ging uns damals darum, bestimmte Werte zu erhalten, um das Bewahren von geheimem Wissen und natürlich auch um Einfluß und Macht - ich sage jetzt einmal ganz nach damaliger Manier: Zum Wohle der Menschen, natürlich! Um auf Ihre quälende Frage zu antworten: Es waren die Rosenkreuzer denen ich angehörte. Hätten wir keine Geheimbünde und würde alles Wissen allen Menschen zur Verfügung gestellt werden, dann hätten auch sicher sehr viel mehr Menschen die Möglichkeit, diese Welt besser zu verstehen.

Doch stellen Sie sich mal nur einen kurzen Moment lang vor, sie hätten den ultimativen Beweis, dass es keinen Gott gibt, Sie gehen in eine vollbesetzte Kirche und konfrontieren die anwesenden Gläubigen mit Ihren Erkenntnissen: "Es gibt keinen Gott!" Was glauben Sie wohl, werden die Menschen mit Ihnen machen? Ihnen danken für die Wahrheit, die verstörende aber richtige neue Erkenntnis? Oh nein. Sie finden wohl nur bei den Menschen Gehör, die ohnehin schon an Gott gezweifelt haben. Die große Masse der Menschen wird sich empören und dafür sorgen, dass Sie aus der Kirche entfernt werden. Anschließend allerdings keimt der Zweifel unter den Gläubigen. Was also haben Sie erreicht? Bestätigung bei einzelnen, Entrüstung und zerstörenden Zweifel bei vielen anderen. Sie sehen also an dem sehr einfach gehaltenen Beispiel, dass es wohl auch immer so ist, dass ein Mensch zunächst einmal offen sein muss für die Wahrheiten und Erkenntnisse. Es ist eben immer ein langer Prozeß, der nötig ist, um Wissen wirklich "an den Mann" zu bringen. Diesen Prozeß unterstützen kann man, jedoch mit absoluter Offenheit erreicht man nicht das Ziel, alle mit der Wahrheit zu "beglücken".

Ja, die Zeugen Jehovas. Irgendwie kann man sie bewundern, dass sie die Bibel so gut kennen. Es sind schon Spezialisten. Allerdings - und das ist mal wieder die Kehrseite der Medaille - sind sie alle gleich. Eigene Gedanken zu entwickeln kommt in dieser Sekte (Upps, das darf man ja nicht mehr sagen.) eher nicht so gut an. Wenn jemand behauptet, er wäre Einer der 144.000 Auserwählten, dann wird er gleich zum Verhör durch die Oberschicht vorgeladen, wo man ihm dann zeigt, wo der Hammer hängt und dass er doch ein ganz kleines Licht ist. Die Zeugen Jehovas leben ihren Glauben. Beim Jugoslavienkrieg haben sie sich an die Grenze gestellt und unter den Flüchtigen die Zeugen Jehovas herausgepickt und bei sich zuhause aufgenommen. Das ist absolut bewundernswert.

Andererseits haben mich mal zwei Zeugen besucht, die haben gemeint, bevor das Paradies auf Erden kommen wird, müssen erst noch alle Ungläubigen und bösen Menschen vernichtet oder abgeschlachtet werden. Erst dann wird der Löwe neben dem Lamm friedlich liegen können. Oh je oh je. Was für ein Kinderbuchglaube. Erstens diese Gewaltfantasien, dass nochmal alles zerstört werden muss (wie kommen die Burschen nur immer auf so einen Schmarrn?) und dann der kindlich-paradiesische Wunderglaube, es gäbe plötzlich nur noch Sonnenschein und Liebe auf der Erde.

Oh je - jetzt habe ich doch eine Wertung abgegeben. Doch aufgrund meiner zahlreichen Vorleben wage ich einfach mal zu behaupten, egal was noch alles passiert, es ist immer ein Werden und Vergehen. Manche Dinge ändern sich niemals und wir sind nicht hier um ein Kinderparadies auf Erden zu erleben, sondern um zu lernen, was die Schöpfung uns allen an Aufgaben stellt, die es zu erkennen und zu lösen gibt, auf unserem Weg zurück zur Urquelle.

Und nochmal zurück zu dem Beispiel von vorhin: "Natürlich gibt es einen Schöpfer, den wir im Allgemeinen als Gott bezeichnen."

Es liegt alleine an uns selbst, ob wir tief in unserem Inneren diesen Schöpfer erkennen. Es ist ja ganz normal, dass wir unseren Verstand benutzen und alles hinterfragen und analysieren. So hat sich wohl jeder schon mal nach dem "Sinn des Lebens" gefragt oder ob es einen Gott gibt oder nicht. Diese Fragen sind sicher schon so alt, wie die Menschen selbst.

Fragen sich Tiere eigentlich auch, ob es einen Gott gibt? Na? Ich denke mal, die meisten sagen jetzt "Nein, die wissen doch von so etwas nichts" oder auch "Die haben ein Urwissen und wissen genau Bescheid, so wie sie auch Instinkte haben, die wir nicht so recht erklären können. Sie kennen die Antwort ganz genau."

Vielleicht ist ja dieses menschliche Hinterfragen, das Zweifeln und nicht Erkennen, erst durch den Verzehr des "Apfels der Erkenntnis" entstanden? War die Schlange im Paradies nun Fluch oder Segen für die ersten Menschen? Und wenn Gott doch alles weiß, dann hat er doch auch gewußt, dass Adam und Ena sich nicht an sein Verbot halten werden und sich von der Schlange bequatschen lassen und in den sauren Apfel beißen werden. Wieso ist er dann zornig geworden und hat seine beiden Menschen aus dem Paradies verbannt? Gibt es im Paradies keinen Platz für Ungehorsam oder Neugierde? Wer hat die Versuchung erschaffen? Gott oder die Schlange? Da kann man stundenlang, jahrhundertelang diskutieren und philosophieren - es gibt keine einzige wirklich auflösende und befriedigende Antwort darauf, die für alle Menschen passen würde.

Wie immer, so geht es auch bei diesen grundlegenden Fragen ganz einfach nur darum, wie wir selbst damit umgehen und welche Antworten wir in unserem Leben für uns selbst finden oder erkennen.

Hierzu ein Beispiel aus meinem jetzigen Leben. Es war Weihnachten. Und wie es in Süddeutschland unter den Christen so üblich ist, geht man an Weihnachten in die Kirche, wenn man schon das ganze Jahr geschwänzt hat. Dieses Weihnachten in Walldürn hatte ich einfach keine Lust, in die Kirche zu gehen. Es war schon so spät, dass ich mir sicher war, wir würden zu dritt bestimmt keinen anständigen Sitzplatz in der Kirche mehr bekommen. Weihnachten ist ja immer die Hölle los in der Kirche - darf man das so sagen? Ich meine, da gehen sie ja alle in die Kirche und jeder schaut, dass er rechtzeitig hinkommt, damit er nicht irgendwo hinten stehen muss und der kalte Wind den Hintern in der Hose einfrieren lässt, weil die Kirchentüre nicht mehr zu geht.

Ich hatte echt keine Lust als einer der Letzten an der Kirche anzukommen und mir meinen Hintern abzufrieren.

Die Mutter meiner damaligen Freundin hat aber nicht locker gelassen und so bin ich dann widerwillig mit meiner Feundin und ihrem Bruder in die Kirche gegangen.

Es war ja klar. Als wir bei der Kirche angekommen sind standen die Leute schon dicht gedrängt an der Türe und sind gar nicht mehr alle reingegangen, so voll war die Kirche schon, als wir eintrafen. Sie können sich sicher vorstellen, wie mein Verstand dann auch gleich meinen inneren Widerwillen bestätigt hat: "Ich hab es ja gewußt. So eine saudumme Idee, so spät noch zur Kirche gehen zu wollen. Ich hab es ja gewußt."

Und dann geschah etwas, womit ich nicht gerechnet hatte. Aus einer Seitentüre kam der Meßner heraus, kam direkt auf uns drei zu und sagte, wir sollten ihm folgen. Er hätte einen Platz für uns. Und ich werde in meinem ganzen Leben nicht vergessen, was an diesem Weihnachtsabend passiert ist. Der Meßner hat uns über diese Seitentüre durch die Kirche geführt bis hinter den Altar, wo es diese Bänke gibt an den Seiten. Genau dort, direkt neben dem Altar hat der Meßner uns dreien einen Sitzplatz gegeben. Wenn man weiß, wie die Kirchen aufgebaut sind, und wo die Gläubigen normalerweise sitzen, dann versteht man auch, wie sich das jetzt für mich angefühlt hat.

Ich wollte nicht in die Kirche, ich hatte einen derartigen inneren Widerwillen und dann kommt der Kirchendiener und gibt uns einen Ehrenplatz in der völlig überfüllten Kirche. Da wirst du als widerwilliger Sünder, der an Weihnachten nicht zu seinem Gott will, aus der Menge herausgepickt, und wirst eingeladen, um auf einem Ehrenplatz zu sitzen. DAS war eines der Ereignisse in meinem Leben, die mir gezeigt haben, es gibt mehr auf dieser Welt. Wenn du wirklich ehrlich zu dir selber bist, dann bekommst du im täglichen Leben Wunder gezeigt, darfst Dinge erleben, die dir immer wieder zeigen: "Hey - da ist auch eine geistige Komponente im Leben.

Nenne es Engel, Gott oder wie auch immer. Es gibt eine unsichtbare Intelligenz, die genau weiß, wie sie aus dir einen Menschen macht, der anfängt zu staunen und zu begreifen."

Ja, ich hatte ein schlechtes Gewissen, dass ich so widerwillig zur Kirche gegangen war und fühlte mich auch etwas beschämt, weil ich einen Ehrenplatz sicher nicht verdient hatte. Und doch ist es auch wichtig zu erkennen, dass diese drei Ehrenplätze nicht zufällig frei waren. Die Kirche war ja schon längst überfüllt. Diese drei Ehrenplätze waren frei, weil sie eine ganz besondere Aufgabe an diesem Weihnachtsabend hatten. Sie sollten einem Abtrünnigen zeigen, wie "Liebe" funktioniert.

Alle anderen mussten stehen, da hinten in der Kirche, den Wind um den Hintern, obwohl sie vor uns gekommen waren.

Das nenne ich einen Gottesbeweis, den du nur selbst bekommst. Und es liegt nur an dir, ob du ihn erkennst.

Ich weiß nicht, wie das gegangen ist. Für mich war und ist es ein Wunder, das mich tief geprägt hat. Mit solchen Erlebnissen wird aus "Glauben" dann "Vertrauen". Ich habe es gespürt, dass an diesem Abend etwas passiert ist mit einer Absicht dahinter. Genau für uns drei. Ehrenplatz.

Es war eine sehr schöne Messe an diesem Abend und ein sehr schönes Weihnachten!

Letztlich - egal wie wir es drehen und wenden - kommt es immer nur darauf an, ob wir selbst in der Lage sind, die Wunder in unserem Leben auch als solche zu erkennen.

Falls ja, dann haben wir ein ganz fantastisches Leben. Religion entsteht aus dem, was wir zu erkennen glauben und was wir daraus machen. Jeder Einzelne von uns.

Der Eine glaubt an einen Gott, der sich freut, wenn Ungläubige abgeschlachtet werden, der Andere glaubt an einen Gott, der seine Schöpfung liebt und auch den Abtrünnigen einen liebevollen Empfang bereitet. **Du entscheidest.**

Der Islam und Deutschland

Wer bestimmt eigentlich, wer in Deutschland leben darf und welche Religion hier geduldet wird? Wenn - ich nenn das jetzt mal so - "hochrangige" Politiker behaupten: "Der Islam gehört nicht zu Deutschland" und im Grundgesetz steht etwas von "Religionsfreiheit", dann frage ich mich wirklich, was diese "dumme Bemerkung" überhaupt aussagen soll oder will. Wenn wir in Deutschland die Religionsfreiheit im Grundgesetz verankert haben, dann kann es dem Herrn Seehofer und seinen Kollegen doch nun wirklich egal sein, was die Menschen in unserem Land für einen religiösen Glauben haben. Oder?

Als ich noch ein kleiner Bub war und in die Schule gegangen bin, hier in unserem schönen Bayern, da war selbstverständlich auch ein Kreuz im Klassenzimmer. Es gibt in jedem anständigen Ort hier in Bayern eine Kirche, entweder eine katholische oder auch eine evangelische, je nach Region und Mehrheit der Gläubigen.

Als wir in den siebziger Jahren die Gastarbeiter aus der Türkei nach Deutschland eingeladen haben, um hier gemeinsam mit den Deutschen das Land weiter aufzubauen, gab es hier, denke ich mal, noch keine Moscheen. Heute gibt es sehr viele Menschen im Land, deren Eltern oder Großeltern vor Jahrzehnten aus der Türkei nach Deutschland gekommen sind, dem Glauben des Islam angehören und natürlich gibt es heute auch Moscheen in Deutschland, in denen die Gläubigen sich versammeln und beten können. Das dürfte doch eine ganz normale Entwicklung gewesen sein, oder? Für mich ist da erstmal kein Problem zu erkennen.

Jetzt gibt es hier in Bayern immer wieder auf den Straßen tödliche Autounfälle, häufig deshalb, weil junge Burschen, auch unter Alkoholeinfluß, rasen und überholen müssen wie die Deppen. Sehr oft kommen dabei auch unschuldige junge Menschen ums Leben.

Es hat sich hier in Bayern so eingebürgert, dass die trauernden Angehörigen dann an den Unfallstellen, meist auf kurvigen Bundesstraßen, ein Holzkreuz aufstellen, zur Trauerbewältigung, zur Erinnerung an den schrecklichen Unfall, zur Mahnung an andere Autofahrer. Neben solchen Holzkreuzen finden sich häufig auch Blumen und eine brennende Kerze. Jeder, der ein bisserl ein Herz hat und an so einer Stelle vorbeifährt, wird davon berührt. Mir erscheint es jedenfalls normal, dass man beim Anblick eines "frischen" Kreuzes mit einer brennenden Kerze und Blumen daneben, auch ein Stück weit mittrauert. Meist sind solche Unfälle unnötig, wären vermeidbar gewesen und meist trifft es eben junge Menschen, die noch ein ganzes Leben vor sich gehabt haben könnten.

Dann - vor ein paar Jahren - wurde in Bayern darüber diskutiert, dass man diese Kreuze verbieten sollte. Es wurde ebenfalls diskutiert, dass die christlichen Kreuze auch aus den Klassenzimmern entfernt werden sollten. Es wurde ein Kopftuchverbot für Lehrkräfte gefordert - meist sind das ja türkische Frauen, die ein Kopftuch tragen. Wenn die Oma Meier auf der Straße ein Kopftuch trägt, dann hat das noch nie jemanden in Bayern gestört, oder wenn der Opa Huber im Hochsommer mit dem Strickpulli in die Kirche geht. Welcher Idiot kommt denn hier in Bayern immer wieder auf so depperte Ideen, alles zu verbieten?

Vielleicht sollten wir uns fragen, was das mit diesen Symbolen so auf sich hat. Hakenkreuze sind verboten, weil sie jeder mit den Verbrechen des Nazi-Regimes in Verbindung bringt. Wer eine Hakenkreuzflagge aus dem Fenster hängt, der sympatisiert mit dem Nazi-Regime. Ganz klarer Fall, das will hier niemand sehen. Da verbietet man das eben. Der Nazi sitzt dann in seinem Zimmer und kann die Fahne eben nicht aus dem Fenster hängen lassen. Er ist aber noch da mit seinem Gedankengut. Ein Verbot hilft da wenig.

Einer Frau das Kopftuch zu verbieten, weil sie könnte ja sonst die armen Kinder christlichen Glaubens mit ihrem Islam infizieren, ist ja auch so eine Sache. Die Oma Meier unterrichtet ja nicht und es ist ein christliches Kopftuch. Wenn wir aber eine junge, talentierte Nachwuchs-Lehrkraft haben, die aus freien Stücken, um die eigene Kultur und Religion zu achten und zu ehren, eben ein Kopftuch tragen möchte, dann will man das verbieten. Zumindest haben sehr viele Menschen gedacht, sie müssten Diäten dafür kassieren, genau über dieses massive Problem wochenlang zu streiten, um dann wieder einen blöden Kompro-Mist herauszuarbeiten. Manchmal kannst du echt nur den Kopf schütteln.

Wir hatten an der Uni einen Doktor, der den Professor unterstützt hat. Der kam jedes Mal mit einer zerrissenen Jeans an und sah aus, wie der letzte Penner. (Na gut, das mit dem Penner stimmt so nicht. Er war einfach cool drauf und hat sich extrem lässig gekleidet. So wäre das besser formuliert.) Hat das den Professor gestört? Nein - nicht im Geringsten. Hat es uns Studenten gestört? Nein - nicht im Geringsten. Der Typ war total okay, hat auch mal einen Witz gemacht zwischendurch und fertig. Wo ist das Problem? Eben. Wenn niemand ein Problem daraus macht, dann ist da auch keines da.

Ich denke ein möglicher Ansatz wäre vielleicht, sich zu überlegen, warum jemand ein Kreuz aufhängen möchte, warum jemand ein Kopftuch tragen möchte, warum jemand ein Marterl am Straßenrand aufstellen möchte - was sind die Beweggründe, die Gedanken, und noch wichtiger, die Gefühle, die hinter solchen Vorgängen stehen?

Die Gläubigen wollen ein Symbol anbringen, zur Zierde, zur Erinnerung, um ein Stück Halt und Geborgenheit sichtbar zu machen, das sie im Glauben finden oder gefunden haben. Die Gläubigen wollen mit ihrer Kleidung die Bräuche der Religion würdigen, wollen Teil einer Gemeinschaft sein und sich auch als solche zu erkennen geben.

Sie stehen zu ihrem Glauben und zeigen es durch ihre Kleidung, sei es nun ein Kopftuch oder eine Burka. Oder eine zerrissene Jeans. Kleidung aus äußerer Ausdruck der inneren Einstellung.

Ganz klar ist natürlich, dass niemand es gutheißen sollte, wenn ein Mensch von einem anderen Menschen dazu gezwungen wird, bestimmte Kleidungsstücke zu tragen. Aber hier wird es schwierig. Der Bankangestellte am Schalter sollte besser nicht unrasiert kommen und die zerrissene Jeans des Physik-Doktors anziehen. Was würden da die Kunden am Schalter denken? Das bedeutet allerdings, dass sich der Bankangestellte eben vorher schon überlegen sollte, ob es für ihn okay ist, dass er dann in seinem Job als Banker eben "anständig" angezogen sein muss. Das könnte man jetzt auch auf die junge Lehrerin übertragen und sagen, ja, das muss sie sich eben auch überlegen, wenn sie Lehrerin werden möchte, dass das Kopftuch dann eben zuhause bleiben muss. Die Eltern könnten ja sonst Angst vor einer Infizierung haben. Niemand sagt, dass es einfach ist.

Vielleicht hilft es, wenn wir den Ansatz ändern. Heute früh im Morgenmagazin wurden einige Bayern befragt. In ein paar Tagen ist hier Landtagswahl und die CSU hat viele Stimmen and die AfD verloren. Mal ganz ehrlich? Die größten Leuchten waren das ja nicht, die man da auf der Straße befragt hat, was sie wählen und warum. Da waren ja Gestalten dabei, die konnten nicht mal grammatikalisch richtig einen Satz formulieren.

Hatte ich schon erwähnt, dass ich in einem früheren Leben König von Frankreich war? Zugegeben, ich war damals ein wenig überfordert mit der Aufgabe und sehr viele Menschen haben mir das Leben zur Hölle gemacht. Es ist nicht alles wirklich gut gelaufen und am Ende haben die mich sogar noch vergiftet und umgebracht. Diese Verräter!

Trotzdem - Demokratie funktioniert nur dann ganz gut, wenn die Mehrheit im Volk anständige, einigermaßen gescheite Menschen sind. Sobald 51% Deppen und Idioten im Lande sind, die wählen dürfen, ist Demokratie schlechter als die Monarchie mit einem König, der anständig regiert und eben nicht überfordert ist. Echt jetzt. Das mit dem König ist halt blöd, weil es auf Lebenszeit ist und wenn das ein Idiot ist, was ja in der Geschichte der Menschheit sehr oft der Fall war, dann ist das auch nicht so toll. Aber wenn der König, oder die Königin es drauf haben, dann läuft es eben auch. Denken Sie nur an Elisabeth I von England. Das "Goldene Zeitalter". Diese Königin hat (ganz ohne Mann!!) großartig regiert und das Land ist aufgeblüht. Ihre Schwester Maria (Bloody Mary) hatte zuvor Angst und Schrecken verbreitet und alle möglichen Menschen auf Grund deren Glaubens regelrecht abschlachten lassen. Da siehst du die Unterschiede. Beide waren Königin. Die eine war schlimmer als die Pest, die andere war ein Segen für das Land. Habe ich die Versenkung der spanischen Armada schon erwähnt? Da amüsiere ich mich ja immer wieder gerne. Da kommen die hochgeknöpften Spanier und meinen, sie müssten England angreifen - aus Glaubensgründen, selbstverständlich. Und dann wird der ganze Stolz der Spanier, diese riesige Seeflotte einfach vor der Küste Englands versenkt. Das nenne ich göttlichen Humor. Wie konnte der katholische Gott das zulassen, dass die abtrünnigen Engländer die Flotte versenken? Sehen Sie? Gott hat ja wohl nicht angeschafft, dass die Spanier in England einfallen sollen, um das Werk der Bloody Mary mit Bluttaten und Morden weiterzuführen. Das, was an jenen Tagen geschehen ist, wurde von Menschen angezettelt und von Menschen ausgebadet.

So einfach ist das. 1588. Ja - ich war damals nicht dabei. Da war ich gerade mal drüben. In der geistigen Welt. Pause vom Erdenleben.

Was ich noch gerne anmerken wollte zum Glauben und den ganzen Verwirrungen und Streitigkeiten rund um den Glauben der Menschen, wäre folgendes: Wir wissen ja bereits, dass die erste Frau eben nicht Eva geheissen hat, sondern als Ena bezeichnet wurde in der Bibel. Jetzt darf man auch wissen, dass die christliche Kirche immer wieder an der Bibel, oder sagen wir an den Urschriften, heruminterpretiert hat und Dinge entsprechend der jeweiligen Zeit und Moral ausgelegt hat. Sie erinnern sich an die Hexenverbrennungen und an die Inquisition? Die Kreuzzüge? Ja - da hat die katholische Kirche ja sehr lange Zeit die Ungläubigen verfolgt und umbringen lassen. Und eben - wie angemerkt - auch die Urschriften bearbeitet und den eigenen Vorstellungen nach "angepasst".

Es ist ja bekannt, dass auf irgendeinem Vatikanischen Konzil die Lehre von der Wiedergeburt aus der Bibel gestrichen wurde. Das hat einfach nicht so gut ins Bild gepasst, wenn man das Fegefeuer predigen will oder die ewige Verdammnis und für den Sündenerlaß gutes Geld verlangen kann, wenn dann die Gläubigen ohne Angst sagen: "Herr Pfarrer, zahlen kann ich jetzt nix. Ich mach's einfach im nächsten Leben wieder richtig."

Weg mit der Wiedergeburt und die Gläubigen haben keine andere Chance mehr auf Wiedergutmachung, als den Sündenerlass in diesem Leben. Und dann zahlen die auch!

Das ist aber noch nicht das Schlimmste. Was noch viel schlimmer ist, das sind so die grundlegenden Dinge, die verändert wurden, die heute noch gar niemand aufgedeckt hat. Ja, ich war dabei, als der Glaube überarbeitet und für die Menschen "angepasst" wurde. Und - ja - ich kann mich daran erinnern. Und ich würde niemals die Geheimnisse der Geheimbünde preisgeben, die ich in meinen Leben als Mitglied solcher Geheimbünde erhalten habe. Das wäre Verrat - zumindest sehe ich das so. Doch über die Dinge zu sprechen, die ich niemals gelobt habe, nicht auszusprechen oder die ich selber mit vertuscht habe, das denke ich mal, das darf ich.

Was soll's. Beweise habe ich ja eh keine. Das kann mir jetzt jemand glauben oder auch nicht. Wobei ich immer sage: Sprich einen Satz aus und du setzt damit einen Samen in die Köpfe der Menschen. Ob das Gesprochene jetzt stimmt oder nicht ist dabei ja völlig egal. Die Menschen bekommen einen Gedanken in den Kopf gepflanzt und der wirkt dann. Ist eben auch so ein geistiges Gesetz. Damit kann man auch ganz schön Unfug treiben, Menschen manipulieren und viele Dinge damit beeinflussen. Deshalb kann ich nur jedem Einzelnen raten: Mach Dir Deine eigenen Gedanken. Glaub nicht alles, was Dir irgend jemand erzählt oder weismachen will. Wie oft glauben wir etwas und stellen hinterher fest, dass wir uns geirrt haben? Das ist ganz normal. Doch viel schlimmer ist ja noch, wenn wir etwas glauben und hinterher feststellen, dass sich der andere dabei geirrt hat oder uns sogar absichtlich damit angelogen hat. Deshalb - und dagegen gibt es keine Impfung: Zuhören, lesen, abwägen, bewerten - alles selber machen. Und dann nicht nur mit dem Kopf, sondern auch mit dem Herzen und aus dem Bauch heraus die ganz persönliche eigene Antwort finden. Die glaubt man dann, so lange, bis man feststellt, ob man sich vielleicht doch geirrt hat. Dieser Weg ist aber immer noch besser, als alles zu glauben, was ein anderer erzählt.

Nun, was wir damals für die Kirche geändert haben ist folgendes, und ich finde, das ist ein Hammer!

Jeder kennt die Grundlagen des christlichen Glaubens - Glaube, Hoffnung, Liebe. Ursprünglich waren das allerdings drei ganz andere Grundlagen. Diese ursprünglichen Grundlagen wurden ausgetauscht, um die Menschen noch fester an das Glaubenssystem zu binden. Ja, wenn Sie so wollen, hat man aus frei denkenden und frei glaubenden Menschen irgendwie dadurch Abhängige der Kirche erschaffen.

Also - passen Sie auf. Die wirklichen Grundlagen der christlichen Religion waren: Gewissheit, Vertrauen und Freiheit. Und die haben wir damals umformuliert.

Ein Mensch, der die Gewissheit in sich trägt, der geht (Ge) mit seinem Wissen (wiss). Die Silbe "heit" zeigt die Beschaffenheit an. Der Mensch ist also so beschaffen, dass er Wissen in sich trägt und damit durch sein Leben geht. Dieses Wissen haben wir damals aus den Köpfen der Gläubigen entfernt und haben es durch den Grundsatz "Glaube" ersetzt.

Glaube bedeutet, ich weiß es nicht (mehr), ich denke mal, so müsste es sein. Wir haben hier im Gegensatz zum Wissen einen absoluten Unsicherheitsfaktor mit ins Spiel gebracht. Ein Mensch, der etwas weiß, ist klug. Ein Mensch, der etwas glaubt, der kann angezweifelt werden. Vielleicht täuscht sich dieser Mensch ja auch? Was, wenn er etwas glaubt, was nicht stimmt? Sehen Sie - und schon haben wir die erste Abhängigkeit geschaffen. Ein Mensch, der zwar glaubt, aber es nicht sicher weiß, der kommt in die Kirche und möchte sich dort ein kleines Stück Bestätigung holen für die immer wieder aufkeimenden Zweifel. Und die Kirche "verkauft" dieses immer wieder neu aufzufüllende Fläschchen mit der temporären "Bestätigung" in der heiligen Messe, in der Predigt, in den ganzen Zeremonien und Auslegungen der Bibel. Das Wissen wurde genommen, eine Abhängigkeit wurde gegeben. Deswegen, und weil ich selbst dabei war und an diesem Verfälschungsprozeß maßgeblich mitgearbeitet habe, sage ich heute: "Glaube" ist nichts wert. "Wissen" und "Gewissheit", das ist der wahre Wert! Ich kann nur jedem Gläubigen - egal welcher Religionsrichtung - raten: Bitte versucht, dieses Wissen in Euch selbst wieder zu finden! Wenn ihr es gefunden habt, dann wird Euer Bauch ein gutes Gefühl dabei haben, dann wird Euer Herz ein gutes Gefühl dabei haben und dann wird Euer Kopf es verstehen und annehmen. Wissen ist wertvoll, Glaube ist eine klapprige Hilfsbrücke, bei der Zweifel und Angst mit im Gepäck sind, sobald man die Brücke des Glaubens betritt. Legen Sie den Glauben ab, holen Sie sich ihr Wissen zurück, finden Sie die Gewissheit.

Im übrigen - wenn es um Religion und das Wissen geht, dann kommt dabei kein anderer Mensch zu Schaden. Sollte nur mal so erwähnt werden, denn es gibt immer noch Menschen, die meinen, mit einem Terroranschlag und der Ermordnung anderer würde man eine heilige Tat vollbringen. Vergesst es. Alle Terroristen sind Unwissende!

Vertrauen ist die zweite wirkliche Grundlage der Religion. Vertrauen erfordert Mut. Vertrauen erfordert auch ein gewisses Maß an Gewissheit. Ein Mensch, der wirklich echtes Vertrauen hat, ist stark. Sie kennen die Kraft der Gedanken schon? Ein Mensch, der zweifelt hat nur schwache Gedankenkraft. Ein Mensch, der zweifelt, sabotiert ja seine eigenen Gedanken. "Ob das wohl gutgeht? Was ist, wenn es nicht klappt? Oh je oh je, hoffentlich geht das gut. Ich hab kein gutes Gefühl dabei." Sehen Sie - wir haben den Menschen das Vertrauen genommen und ihnen dafür die Hoffnung gegeben.

Die Hoffnung stirbt zuletzt. Ja, das stimmt. Ein Mensch, der auf die Hoffnung angewiesen ist, der hat als erstes die Gewissheit und als zweites das Vertrauen verloren. Jetzt bleibt ihm nur noch die Hoffnung. Wenn es am Ende gut geht (und bis zum Ende ist es eine wacklige Geschichte! Sonst müsste man ja nicht "hoffen" dass es gut geht), wenn es also am Ende gut geht, dann hat man nochmal "Glück" gehabt. Glück ist ja auch etwas, was der normale Mensch nicht greifen oder festhalten kann. Aber wenn man hofft und es geht am Ende eben nicht gut, dann hat man auch beim nächsten mal schon wieder Angst, dass es erneut schief geht. Wenn auch die Hoffnung stirbt, dann fühlt sich der Mensch verloren. Und genau da haben wir den zweiten Haken, an dem wir die Gläubigen und Unwissenden festhalten können. Wir nehmen ihnen das Vertrauen und geben ihnen dafür die Hoffnung. Hoffnung ist wertlos, weil sie keine Aussagekraft hat. In der Hoffnung klammern wir uns an irgend etwas fest - im Sinne der Kirche klammern wir uns natürlich an den Glauben.

Weil uns ja das Wissen schon weggenommen wurde. Das heißt, die Hoffnung, diese Unsicherheit, findet als Halt nur den Glauben, die nächste Unsicherheit. Der Mensch, der Glaube und Hoffnung in sich trägt ist damit sehr labil und immer auf die Hilfe und den Beistand der Kirche angewiesen.

Ein Mensch, der Wissen und Vertrauen in sich trägt ist beinahe unschlagbar. Wissen und Vertrauen sind die Basis, sind eine stabile Basis, für ein solides Leben. Ein Leben ohne Abhängigkeit. Ein religiöses Wissen, das von innen kommt, das sich absolut richtig anfühlt. Ein Vertrauen, das auch in schwierigen Zeiten Bestand hat, gibt Sicherheit. Vertrauen bedeutet auch "loslassen". Ich vertraue darauf, dass es gut geht. Ich vertraue meinen geistigen Helfern, meinen Schutzengeln, meinem Gott, wem auch immer - ich vertraue auf etwas oder jemand außerhalb von mir selbst. Im Vertrauen habe ich die Sicherheit, dass es gut gehen wird. Es fühlt sich stark an. Hoffnung macht die Menschen schwach und hilfsbedürftig. Vertrauen macht die Menschen stark.

Und dann die dritte Grundlage der Religion: Die Freiheit. Das ging ja gar nicht. Wir wollten ja keine freien Menschen haben. Gerade die Abhängigkeit bindet ja die Gläubigen an die Dienste der Kirche. Ein freier Mensch findet womöglich noch seine eigene religiöse Einstellung, seine ganz persönliche Verbindung zum Urschöpfer, zu den Engeln, der Natur, der universellen innewohnenden geistigen Intelligenz. Ein freier Mensch ist eine Gefahr, wenn man die Menschen in der Abhängigkeit behalten möchte. Das passt einfach nicht zusammen. Also, was haben wir den Menschen gegeben, als wir beschlossen haben, die Grundlage der "Freiheit" mit etwas anderem zu ersetzen?

Nun - das Wissen und der Glaube sitzen im Kopf. Das Vertrauen und die Hoffnung, ebenso wie die Angst, an die sich die Hoffnung klammert sitzen im Bauch. Die Freiheit und der Mut sitzen im Herzen.

Die Grundlage und die Basis für ehrliche Gefühle ist der Mut, die eigene Freiheit zu nutzen, verantwortungsvoll die eigenen Freiheiten auszuleben, ohne Angst vor Eifersüchteleien, ohne Angst vor schrecklichen Szenen oder Streit. Freiheit, das zu fühlen, zu denken und zu sagen, wonach einem ist. Freiheit, so zu sein, wie man sein möchte. Die Freiheit, ohne Einschränkungen, durchzuatmen und das Leben in sich aufzunehmen und am Leben aktiv teilzunehmen. Der Mut, diese Freiheit zu leben sitzt im Herzen. Und diese Freiheit haben wir entfernt und dafür etwas ganz besonders wertvolles eingepflanzt: Die Liebe. Allerdings eine Liebe ohne Freiheit. Liebe deinen Nächsten wie dich selbst. Ohne Freiheit. Wir haben den Menschen die Liebe gegeben. Eine Liebe ohne Freiheit und damit ohne Wert.

Mit der Liebe kann man, wenn man es geschickt anstellt, die Gefühle der Menschen steuern und lenken. Gefühlsduselei macht die Menschen blöd. Kennen Sie den Unterschied von Mitgefühl und Mitleid? Mitgefühl ist eine Gabe, die es uns ermöglicht, zu empfinden, wie ein anderer Mensch, oder auch ein Tier, empfindet. Wir verstehen durch unser Mitgefühl die Lage der anderen besser. Mitleid bedeutet, dass es uns selber weh tut. Mitleid haben wir nur, wenn der andere leidet, also wenn es um eine schlimme, belastende Ausgangslage geht. Und dann kommt das Mitleid und es leiden damit schon zwei Menschen. Mitleid ist nicht gut. Mitgefühl hat einen Wert, beim Mitleid zahlt der zweite drauf. Mitleid lohnt sich nicht.

Mich hat einmal ein Lehrer gefragt: "Gibt es heute noch Mitleid auf der Welt?" Ich habe kurz nachgedacht, und wir kennen ja alle die Situationen, wo es den anderen egal ist, wenn einer leidet, und als ich festgestellt habe, dass ich selbst ja auch ein Mensch bin, der Mitleid kennt und empfindet, habe ich gesagt "Ja."

Die Antwort war richtig.

Besser wäre es wohl gewesen, wenn ich gesagt hätte: "Ja, klar. Mitleid wird es immer geben. Aber besser wäre es, wenn die Menschen mehr Mitgefühl hätten und kein Mitleid. Mitleid verstärkt das Leid und überträgt es wie eine Krankheit auf andere Menschen. Mitgefühl verbindet, Mitleid erzeugt Schmerzen und tut weh. Ja, es gibt noch Mitleid. Ich wünschte, die Menschen hätten weniger Mitleid heutzutage. Dafür mehr Mitgefühl. Damit wäre uns allen geholfen." Na ja - so lange Monologe als Antwort waren damals nicht üblich in der Schule. Ich war ja so verstockt, dass ich normalerweise fast gar nichts gesagt habe, damals. Wie sich doch alles ändern kann, oder?

Freiheit bedeutet, dass ich frei entscheiden kann, wie ich etwas tun möchte, was mir gefällt oder meinem Wesen entspricht. Einer unserer Lehrer hat auch gesagt: "Die Freiheit des Einzelnen findet ihre Grenze an der Freiheit des Nächsten." Auch das ist wichtig. Meine Freiheit kann ich ausleben, wie es mir gefällt - solange ich damit nicht andere verletze oder deren Freiheit damit einschränke. Ist nicht ganz einfach in der Umsetzung, aber es lohnt sich, wenn man stets bestrebt ist, das Maximum an Freiheit für alle Beteiligten herauszuholen.

Die Freiheit ist das Wichtigste Gut der Menschen. Sie hilft, das eigene Wesen so sein zu lassen, wie es gerne sein möchte. Wenn wir unser wahres Wesen erkennen, dann stellen wir ohnehin fest, dass es ein zartes und dennoch starkes Wesen ist, das uns ausmacht. Eine faszinierende Essenz, die wir in uns tragen, die uns ausmacht.

Freiheit hat nichts mit Fremdgehen zu tun. Man hört das ja so oft: Ich brauche meine Freiheit. Und dann wird fremd gegangen. Freiheit ist etwas durch und durch Positives und Gutes. Wir sollten immer auch helfen, die Freiheit der anderen zu vermehren und zu fördern. Freiheit ist das Wichtigste Gut der Menschen.

Wer von uns weiß denn heute noch, was Liebe wirklich ist? Wir glauben oft, wir haben uns verliebt, wir glauben, wir wüssten, was Liebe ist und wie sie sich anfühlt und doch ist es meist ein Cocktail von ganz verschiedenen Zutaten, der bei den meisten Menschen dann den "Liebesrausch" auslöst.

Liebe ohne Freiheit gibt es nicht. Da ist schon mal die erste Erkenntnis. Wir haben den Menschen die Freiheit genommen, und durch die Liebe ersetzt. Damit ist es schon sehr schwer, die Liebe zu erkennen. Die Menschen bleiben damit immer auf der Suche nach der Liebe und das haben wir wieder ausgenutzt, um die Menschen noch fester an die Kirche zu binden. Indem wir den Menschen von der Kanzel predigen, was Liebe ist und den Zugang zur Liebe versteckt haben, machen wir die Sache vollkommen. Die Freiheit sitzt im Herzen, wir nehmen sie da raus und ersetzen sie durch die Liebe.

Damit hatten wir den Menschen in unseren Händen. Glaube - Hoffnung - Liebe. Die drei Grundpfeiler des christlichen Glaubens. Drei Schnüre mit Angelhaken, die dabei helfen, die Menschen an die Kirche zu binden, sie in der Abhängigkeit zu halten.

Wenn ich Ihnen einen guten Rat geben darf: Vergessen Sie die Liebe, solange Sie die Freiheit nicht kennen.

Im Liebescocktail befindet sich normalerweise folgendes: Geilheit - als Mann kennt das jeder: Mit dieser Frau will ich schlafen! Mann ist die hübsch! Besitzergreifung: Ich will diese Frau, diesen Mann! Angst vor Verlust: Ich will dich behalten! Bedürftigkeit: Ich brauche ganz viel Liebe - und ich will sie von dir! Gier: Ich will mit diesem Menschen zusammen sein! Und noch vieles mehr.

Was bleibt, wenn man im Liebesrausch ist und nicht daraus aufwacht? Wenn man die grundlegende Essenz des Liebescocktails einmal analysiert und extrahiert? Was bleibt? Ganz einfach: Ich, ich, ich, ich ich... das ist keine Liebe!

Was ist Liebe? Es gibt ganze Bücher darüber - wie wahnsinnig müsste ich denn sein, wenn ich Ihnen das jetzt mit wenigen Worten erklären möchte? Das geht gar nicht. Es ist leicht zu schreiben, was Liebe nicht ist. Was Liebe ist - das kann wieder nur jeder Mensch in sich selbst entdecken. Das ist es ja, was die Kirche ausnutzen kann.

Die Menschen wissen nicht, was Liebe ist. Wir verkaufen dieses Wissen portionsweise von der Kanzel und predigen einen Liebescocktail aus Nächstenliebe und Mitleid. Jesus hat am Kreuz gelitten bis zum Tod. Das Leid ist ja so wichtig, um die Menschen bei der Stange zu halten. Dazu kommt dann noch das wichtige Gefühl, dass die Menschen ohne den Glauben an Gott nichts wert sind: "Oh Herr, ich bin es nicht wert, dass Du in mein Haus eingehst. Aber sprich nur ein Wort, so wird meine Seele gesund!". Das wird in jeder heiligen Messe gebetet. Grundaussage: Ich bin nicht viel wert. Meine Seele ist krank. Deshalb muss ich beten.

Ja, wir haben uns damals echt viele Gedanken darüber gemacht, wie wir die Menschen an die Kirche binden können.

Machen Sie doch mal ein Experiment: Zeichnen sie mal Jesus am Kreuz. Wenn Sie in die Kirchen gehen und sich die Kreuze ansehen, an die Jesus genagelt ist, dann stellen Sie bei den meisten Kreuzen fest, dass die Nägel durch die Handinnenflächen gehen. Bei der Kreuzigung mit Nägeln durch die Handinnenflächen reißt das am Kreuz aus und der Gekreuzigte "verliert den Halt". Es funktioniert so nicht. Die Nägel müssen durch die Handwurzel geschlagen werden, also praktisch durch das Ende des Unterarmes, zwischen Speiche und Elle. Dann hält das auch. Warum stellt die Kirche das dann immer wieder falsch dar? Auch dafür gibt es eine Erklärung. In den Handinnenflächen liegen wichtige Chakren, die genutzt werden können, um geistige Heilenergien zu übertragen. Genau diese Chakren hat die Kirche (wissentlich) mit Nägeln fixiert - ebenso an den Füßen.

Es entsteht somit, wenn die Gläubigen sich mit dem Gekreuzigten verbinden, eine Energieübertragung aus den Gläubigen in die Chakren des Gekreuzigten und über den Schaft des Kreuzes in den Boden der Kirche. Nur mal als Gedanke. Falls Sie sich mal mit der Ausbildung zum Magier vertraut machen oder andere spirituelle Wege beschreiten, achten Sie doch mal darauf, wie das mit den Energien, den Gedanken und diesen ganzen geistigen Gesetzen funktioniert. Ein Magier hat mir in diesem Leben bei einem Treffen so einiges erzählt. So gibt es auch hier in Deutschland Menschen, die eine jahrelange Ausbildung in den magischen Künsten erhalten, die dann in der Lage sind, Informationen in Türklinken zu speichern und so an andere Magier zu übertragen, wenn diese die Türklinke berühren. Mir selbst wollte dieser Magier Informationen mit Hilfe eines grünen Glasmeteoriten aus dem Handchakra ziehen. Durch meine Vorleben - ja, ich war auch schon ein Magier - kenne ich tief in mir auch entsprechende Abwehrmaßnahmen. Ich habe mich also geistig verwirrt und blöd gestellt um so die gewünschte Information tief in mir zu verbergen. Ist mir nicht sonderlich schwergefallen, mich blöd zu stellen. Sie wissen, was ich meine? Meine Hand hat die halbe Nacht noch gezogen, so stark war diese magische Technik, das Wissen aus mir herauszusaugen. Unglaublich.

Nun - es geht in der Kirche und in all dem verborgenen Wissen nicht nur alleine darum, den Gläubigen einen Weg in den Himmel aufzuzeigen. Es geht um viel mehr. Es geht darum, die Menschen an die Kirche zu binden, sie abhängig zu machen und "bei der Stange zu halten".

So - und nun, nachdem wir wieder ganz schön abgeschweift sind vom eigentlichen Thema - kehren wir wieder kurz zurück: Der Islam in Deutschland. Wir sind in Deutschland seit Jahrhunderten vom christlichen Glauben, katholisch und evangelisch, geprägt.

Der christliche Glaube hat sehr viele Praktiken, die dem Wissenden echt fragwürdig vorkommen. Deswegen - im Hinblick auf den Islam in Deutschland - einfach mal als freier Gedanke formuliert: Bitte prüfen Sie sorgfältig, ob Ihre eigene Religion Ihnen die Freiheit läßt. Hilft Ihnen Ihre Religion dabei Vertrauen zu erleben und sind Sie in der Lage eine eigene, selbstständige Gewissheit zu erlangen, ohne dass die Religionsgemeinschaft ständig daran herumdoktort? Ist Ihre Religion in der Lage, Sie so zu erfüllen, dass Sie unabhängig diese Religion leben und erleben können? Oder werden Sie ständig und immer wieder mit gezielten Maßnahmen und Manipulationen bei der Stange gehalten? Sind nur die anderen (Vorprediger, Eingeweihte, Erleuchtete usw.) die großen Helden oder stehen Sie mit den Vorbetern auf einer Ebene? Vor Gott sind alle Menschen gleich.

Die katholische Kirche hat ja auch so Eigenheiten entwickelt: Der Papst ist unfehlbar. Wow! Als wir mal mehrere Päpste gleichzeitig hatten und jeder etwas anderes gesagt hat, waren die dann auch alle unfehlbar? Wie geht das zusammen? Oder bei den Zeugen Jehovas gibt es nur 144.000 Erleuchtete. Meist sind die Gläubigen unter den anderen einzureihen. Eben unter denen, die nur mitlaufen.

Religion beginnt im Inneren. Und da gehört sie hin. Es ist gut, dass wir Orte haben, an denen wir unserem Schöpfer in Frieden und Ruhe nahe sein können, Kirchen, Moscheen, Kapellen, Tempel, heilige Orte, Orte der Ruhe eben. Das ist ganz wichtig. Egal welche Glaubensrichtung da gepredigt wird. Am wertvollsten ist ja immer noch das Zwiegespräch mit dem eigenen Schöpfer. Die Antworten, die wir daraus erhalten, die Kraft, die uns ein solches Gebet gibt - na, was meinen Sie, wo kommt das her? Aus unserem Inneren. Und ganz egal, ob der Schöpfer diese Antworten an unser Inneres geschickt hat oder wir diese Antworten alleine in uns selbst gefunden haben - es spielt erstmal keine große Rolle.

Wichtig ist ja immer nur ob uns diese Antworten helfen. Wenn sie das tun, dann sind es gute Antworten, die einen ganz persönlichen Wert für uns haben. Und so sollte Religion sein: Eine Verbindung zu der bestmöglichen geistigen Komponente, die für uns verfügbar ist, die uns mit Antworten versorgt, die uns helfen.

Im Kopf sitzt das Ego. Ich, ich ich...

Im Herz sitzt das Du.

Im Bauch sitzt die Erfahrung, die Erinnerung und die Intuition.

Sie erinnern sich an den Liebescocktail? Ich, ich, ich... das kann keine Liebe sein. Liebe kommt nicht aus dem Kopf. Liebe sitzt im Herzen.

Ein kurzes Beispiel: Ich bin mir nicht sicher, ob ich es schon erwähnt habe. Eine Frau, auf die ich scharf war und mit der ich ab und zu schon telefoniert hatte und deren Telefonnummer ich nicht kannte (Sie hatte meine Nummer, ich ihre nicht) sagte bei einem Telefonat, als es bei ihr anklopfte: "Ich ruf dich gleich zurück!"

Die ersten 10 Minuten bin ich neben dem Telefon gesessen und habe gewartet - "hoffentlich" ruft sie jetzt jeden Moment an...

Nach 10 Minuten habe ich mir gedacht: Wenn es doch länger dauert, dann sitze ich vielleicht in einer halben Stunde immer noch da und warte. So habe ich angefangen, wieder Dinge zu tun, die mir eben wichtig waren und die ich tun wollte. Das war besser als nur zu warten.

Endlich - nach zwei Tagen hat die Frau zurückgerufen. Meine erste Reaktion? Ich habe mich gefreut!

Das, so meine ich, kann man nicht steuern. Der Rückruf kam unerwartet nach zwei Tagen. Ich hörte die Stimme am Telefon und das Gefühl der Freude entstand ebenso spontan in mir. Das kann man so nicht planen oder sich überlegen. Beziehungsweise, das kann man schon planen.

Man kann nach 10 Minuten schon anfangen sauer zu werden, sich zu ärgern und anfangen sich zu überlegen, welche Vorwürfe man dem anderen machen kann, weil "gleich" eben gleich ist und nicht erst eine Stunde später. Und schon gar nicht ist gleich "zwei Tage später". Ich hätte also nach diesen ewig langen zwei Tagen schon kochen können vor lauter Wut, weil sie versprochen hatte, mich "gleich" zurückzurufen. Hab ich aber nicht.

Ich habe mich gefreut. Das zeigt mir, dass die Reaktion nicht aus dem Kopf gekommen ist, dass ich nicht nachtragend bin oder darauf bestehe, das Versprochene auch zu bekommen. Das zeigt mir, dass diese Frau ein klein wenig schon in meinem Herzen war, obwohl ich sie noch nie getroffen hatte und dass die Reaktion (Freude) eben auch aus dem Herzen gekommen ist und nicht aus dem Kopf.

Das meine ich: Liebe beginnt im Herzen und wächst nur im Lichte der Freiheit. Wenn du lieben willst, vergiß den Kopf. Den brauchst du nicht. Und wenn du keine Erfahrung im Lieben hast - fang bei Dir selber an. Allerdings auch hier ohne Kopf. Der Kopf will nur haben, haben haben. Das Herz will nur geben, geben, geben.

Wenn das Leben funktioniert, dann sind Bauch, Herz und Kopf aufeinander abgestimmt. Da gibt es dann keine Alleinherrschaft von Kopf oder Herz und ohne Bauch. Da gibt es eine innere Harmonie und Demokratie: Alle dafür oder zwei gegen einen.

Man könnte auch sagen: Demokratie fängt im Herzen an. Solange nur der Kopf bestimmt wo es lang geht, haben Sie eine herzlose egoistische Diktatur in Ihrem Leben! Solange nur das Herz bestimmt, wo es langgeht, leben sie in einer Gefühlsduselei ohne Verstand, ich würde das gerne als Anarchie bezeichnen. Beides ist jetzt sicher nicht der beste Weg, das Leben zu meistern.

Wenn aber der Bauch mit seiner Intuition und Erfahrung schon die ersten leisen Impulse setzen darf und dann jeweils Herz und Kopf ihren Beitrag dazugeben, dann kann die innere Demokratie funktionieren.

Die Flüchtlingskrise

2015 haben wir die Anfänge der sogenannten "Flüchtlingskrise" miterlebt. Da wurden von unserer Regierung die Tore und Schleusen des Landes geöffnet, um Flüchtlinge in unserem Land aufzunehmen.

Ich meine, Tatsache war ja, dass sehr viele Menschen auf der Flucht waren, es gab einen richtigen Flüchtlingsstrom. Ein massives Problem rollte auf Europa zu, beziehungsweise kam anmarschiert. Unsere Bundeskanzlerin, Frau Merkel, hat - soweit ich mich erinnere - das erste Mal in ihrer langen Amtszeit eine relativ schnelle Entscheidung getroffen: Sie hat die Grenzen aufgemacht und die Flüchtlinge ermutigt anzureisen.

In den Medien konnten wir die Bilder sehen von Zügen, die in München angekommen sind - voll gefüllt mit Flüchtlingen und die Menschen, die am Bahnhof an den Gleisen standen mit freundlichen Gesichtern und großen Schildern, auf denen stand: "Welcome Refugees". Bis dahin kannte ich das Wort "Refugee" noch gar nicht. Mein Englisch ist jetzt nicht sooo schlecht, würde ich sagen - aber auch ich lerne ja durch die Ereignisse im Leben und durch alles, was ich beobachte immer noch dazu. Das passt schon so. Also, wie gesagt: Die offizielle Einladung und freundliche Menschen am Bahnhof.

Ich selbst bin immer sehr spektisch, egal um was es geht. Ich schaue mir die Dinge erstmal genau an, mache mir dann meine Gedanken und dann komme ich zu einem Ergebnis. Damals war ich nicht am Bahnhof in München, das war viel zu weit weg für mich und ich glaube, wenn ich am Bahnhof gelebt hätte, wäre ich vielleicht auch hingegangen. Aber ich hätte sicher kein Schild mit dabei gehabt. Andererseits kann es auch gut sein, dass ich nicht hingegangen wäre. Ich mag keine großen Menschenansammlungen.

Ich bin in einem früheren Leben während der Französichen Revolution auf der Straße von den Menschenmassen zertrampelt worden und somit ums Leben gekommen. Das steckt mir heute noch in den Gliedern. Menschenmengen mag ich nicht. Und ich bin eher der Beobachter, der Situationen auf sich wirken läßt, weniger der Schildchenträger oder Hobby-Demonstrant.

Nun - drei Jahre später hat sich die Stimmung im Volk gewaltig verändert. Es gab immer wieder Vorfälle, an denen Flüchtlinge beteiligt waren: Terroranschläge. Amsel Amri, oder wie der gestörte Attentäter hieß, hatte ja laut Medien 12 Identitäten hier in Deutschland. Wenn man weiß, wie viel Geld jeder Flüchtling jeden Monat vom Staat bekommt und das dann mal 12 rechnet, dann hat der Amsel Armleuchter Amri doch für's Nichtstun haufenweise mehr Geld in die Tasche geschoben bekommen, als der normale Bundesbürger für ehrliche Arbeit bekommt. Ein Vielfaches mehr! Der blöde Amsel!

Es gab Vergewaltigungen. Direkt in meiner Nachbarschaft, nur ein paar Kilometer entfernt, hat ein Schwarzer eine Frau vergewaltigt, die auf dem Nachhauseweg war.

Vergewaltigungen hat es in Deutschland immer schon gegeben. Und wir hatten auch immer schon genug Deppen und Armleuchter im Land. Dennoch kann man es schon verstehen, dass die alteingesessenen Menschen ein gewisses Augenmaß darauf haben, wenn jetzt die hereingelassenen Flüchtlinge noch zusätzlich solche Gewaltverbrechen begehen.

Dann die Übergriffe der "Nafris" an Silvester in Köln, als Frauen haufenweise sexuellen Übergriffen ausgesetzt waren durch meist Menschen mit schwarzer oder dunkler Hautfarbe, die, wie sich herausstellte, schon seit Jahren keine Aufenthaltsgenehmigung hatten in unserem Land und weil die Politik bei uns ja schon ewig im Dornröschenschlaf steckt diese eben auch nach Jahren noch nicht abgeschoben waren.

Dafür hat hier niemand Verständnis - außer die gefühlsduseligen Hirnlosen im Land.

Jetzt hatten die Populisten natürlich einen enormen Aufschwung. Unmut macht sich im ganzen Land breit. Es ist ja so wie immer: Die Welt schreit nach Ausgleich. Neigt sich die Waage zu sehr in die eine Richtung, dann entstehen Gegenkräfte, damit alles wieder ins Gleichgewicht kommt. Das ist ganz normal.

Schlimm ist dabei nur, dass wir bei den ganzen Diskussionen wieder einmal eines scheinbar übersehen: Erstmal durchatmen, erkennen, dass wir ein Problem haben und dann anfangen, an einer Lösung zu arbeiten.

Unsere Politiker haben sich jetzt überlegt, Afghanistan und andere Länder zu "sicheren Herkunftsländern" zu erklären. Dann kann man alle Afghanen wieder ganz legal abschieben.

Hallo - was ist das denn? Das erinnert mich an Fukushima. Oh - ein Atomkraftwerk ist geplatzt - da müssen wir die Grenzwerte für verstrahlte Fische hochsetzen, sonst verdienen wir nix mehr, wenn wir die Fische nicht mehr importieren dürfen. Pfeif auf die Gesundheit, wir brauchen das Geld - nein - wir brauchen es nicht, will wollen das Geld!

Also "Refugees welcome" - hat nicht funktioniert, Wählerstimmen wandern ab, weil sich die Lage im Land drastisch verändert hat und jetzt will man die erhofften hoffnungsvollen Nachwuchs-Fachkräfte mit den zwei linken Händen eben ganz schnell wieder loswerden.

Sie werden sich jetzt vielleicht sagen: Das sind doch alles politische Probleme, was hat das mit dem Thema Religion zu tun? Nun - ich meine, wir können das alles wie im Eintopf ruhig mal ein bisschen durchmischen, damit es so richtig würzig wird.

Holen wir bei unseren Betrachtungen doch einmal ein wenig aus:

Wo kommen denn die Flüchtlingsströme überhaupt erst einmal her? Ich habe mal als Eskimo gelebt, das war saukalt dort. Wir hatten ein Iglu und frischen Fisch zu essen. Du darfst es nur eben nicht so warm im Iglu machen, dass es schmilzt. Ansonsten war das schon okay. Die langen Nächte waren schon gewöhnungsbedürftig, aber mal ehrlich: Bei gesunder Ernährung mit frischem Fisch und den tollen Omega 3 Fetten da bekommst du nicht so schnell eine Depression, wenn es einmal länger dunkel ist. Damit kann man schon zurecht kommen. Also, ich hätte als Eskimo mein Iglu nicht verlassen um nach Deutschland auzuwandern, damals. Und meine Frau auch nicht.

Wo kommen also die Flüchtlinge her? Fluchtursachen sind - ganz klar - Kriege, Hunger und Armut. Jeder Krieg wird von irgend einem Deppen angezettelt. Da könnte man ja mal ansetzen. Hunger ist ein Verteilungsproblem und vielleicht auch ein Stück weit Blödheit. Es soll ja Völker geben, da machen die Geschlechtsreifen ganz viele Kinder, damit sie im Alter jemanden haben, der sie versorgt. Also, weil eh schon Hunger herrscht braucht man viele Nachkommen, die sich dann darum kümmern, dass die Eltern nicht verhungern. Das macht nicht viel Sinn. Doch mal ganz ehrlich: Wenn du keine andere Lösung kennst und alle deine Mitmenschen machen es genauso, dann bist du verloren, wenn du es nicht auch so machst. Du hast als Einziger keine 12 Kinder? Pech gehabt - dann musst du eben verhungern. Da fehlt es am Zusammenhalt, an Klugheit und Weitsicht und vielleicht auch an wirkungsvoller Unterstützung von außen.

Ich hatte auch noch nicht erwähnt, dass wir seit Jahrzehnten schon eine gewaltige Überbevölkerung haben auf unserem Planeten. Wenn wir es richtig machen, dann kann unsere Erde locker 10 Milliarden Menschen ernähren. Wenn ich so einen Schwachsinn schon höre! Aufwachen!

Die hirnlosen Gefühlsduseler verperren wieder mal den Kopfgesteuerten den Weg!

Für mich steht folgendes fest. Es macht keinen Sinn, so viele Menschen wie möglich auf unserem Planeten zur Welt zu bringen, nur weil dieser ohnehin schon geschundene Planet doch 12 Milliarden Menschen ernähren kann, wenn wir es nur richtig machen. Die Menschen haben noch nie etwas richtig gemacht. Es gibt die Menschen schon seit Jahrtausenden und wir haben immer noch Hunger auf unserem Planeten. Es tut mir nicht leid, das zu sagen: Mal ganz ehrlich: Ich habe kein Vertrauen und auch keine Hoffnung, dass die Menschheit nach Jahrtausenden der Blödheit plötzlich, kurz vor 12 noch erkennt, WIE man es denn richtig machen müsste.

Wir haben hier ein massives Problem - nur eines von ganz vielen, nebenbei bemerkt.

Armut. Die dritte Fluchtursache. Da kommt die menschliche Gier ins Spiel. Die Armen wollen jetzt auch mal alles besser haben. Also machen sie sich auf in die Länder der Reichen und Wohlhabenden. Die Armen will hier niemand haben. Entweder sind es Einbrecherbanden, die über die offenen Grenzen aus den östlich gelegenen Ländern zu uns ins Land kommen und überall einbrechen um zu stehlen, was zu holen ist. Oder es kommen Menschen, die noch nie in ihrem Leben einen Herd gesehen haben oder fließend Wasser, das aus einem Hahn kommt, aus irgendwelchen Ländern, die unser Donald Trump als "Shithole-Countries" bezeichnen würde. Das Problem Armut, meine ich, könnten wir noch relativ schnell lösen. Als Eskimos hatten wir nicht viel. Wir hätten unsere Heimat dennoch nicht verlassen. Wir waren glücklich.

Schaut Euch heute mal die Gegenden an, in denen die Armen leben. Natur wird platt gemacht. Die Natur ist so wichtig für das seelische Gleichgewicht der Menschen. Natur platt machen erzeugt das erste Ungleichgewicht. Und - das kennen wir selber ja auch, hier in unserem "reichen" Land:

Es werden Bedürfnisse geweckt, auch dort, wo gar keine sein müssten. Hätten wir in unserem Iglu einen Fernseher gehabt und wären berieselt worden (beinahe hätte ich besudelt geschrieben) von der Werbung, dann hätten wir uns vielleicht auch schnelleres Internet gewünscht, mehr schöne Klamotten, Schmuck mit Gold und Diamanten, ein schönes Auto und eine Zentralheizung, wo man es im Handumdrehen mal so richtig heiß in der Bude machen kann. Wir hatten keinen Fernseher und das war wohl auch unser größtes Glück dort im Iglu.

Da muss ich jetzt spontan an die Schlange im Paradies denken, an den Apfel der Erkenntnis und die Vertreibung usw.

Wenn ein Bedürfnis erst einmal geweckt ist, dann möchte es auch gestillt werden.

Stellen Sie sich vor: Sie haben ein 30 Liter-Fass Bier und 5 Freunde, die mit Ihnen feiern. Da kann jeder genug Bier abbekommen bis zum Erbrechen - und es bleibt vielleicht auch noch was übrig, solange der Buxheimer-Sepp nicht unter den Freunden weilt. (Ich hoffe er verzeiht mir diese Bemerkung. Sepp, Du warst der Erste, der mir auf die Schnelle eingefallen ist.) Und jetzt stellen Sie sich ein Bierzelt auf dem Oktoberfest in München vor - voll bis an den Rand - und es ist ein 30 Liter-Fass Bier da. Das geht nicht gut.

Wir erkennen also recht schnell: Die Frage ist immer: Wie viele Ressourcen sind da, wie viel Bedürfnis besteht danach und - kann das gut gehen?

Armut an sich ist nicht das Problem, solange die Menschen satt werden. Unnötige Bedürfnisse zu wecken ist ein Appell an die Gier im Menschen und wir bekommen als Resultat ein Problem, wenn die Ressourcen nicht reichen, um alle geweckten Bedürfnisse zu stillen. Angebot und Nachfrage bestimmen den Preis. Ein Grundprinzip der freien Marktwirtschaft könnte man so beschreiben: Je begrenzter das Angebot und je höher die Nachfrage, desto höher der Preis.

Je höher der Preis, um so höher der Gewinn. Die Regeln der Gier gebieten nun jedem freien Marktwirtschaftler, möglichst viel Nachfrage zu erzeugen, damit der Preis, und damit der Gewinn, in die Höhe geht - völlig egal, wie viel vom Angebot überhaupt da ist. Das kann doch langfristig gar nicht gut gehen, oder?

Wäre es nicht sinnvoller, erst ein Angebot zu erschaffen und es dann zu fairen Konditionen weiter zu verkaufen ohne in blinder Gier Bedürfnisse bei Menschen zu wecken, für die die Ressourcen eh nicht reichen? Also, wenn wir ein 30 Liter Bier-Fass haben, dann ist es ganz okay, wenn wir es mit 5 Freunden trinken und mit dem Rest vielleicht auch noch ein oder zwei zufällig vorbeikommende Gäste glücklich machen. Aber wir sollten kein Oktoberfest ausrufen, wenn wir wissen, dass das Bier nicht reicht!

Jetzt setzen Sie das mal in die Praxis um. Viel Spaß dabei.

Auf jeden Fall lernen wir aus diesem einfachen Beispiel schon mal eines: Die Armut ist nicht das Problem. Die geweckten Bedürfnisse sind das Problem.

Als nächstes sollten wir einen Blick auf die unterschiedlichen Wertesysteme werfen: Bei uns im Land sagen wir immer, dass Frauen und Männer gleichberechtigt sind. Na ja. Da sind wir zwar auf dem Weg, aber das Ziel ist noch lange nicht erreicht. Dennoch gibt es schon ganz gute Ergebnisse, das darf man schon so sagen. Wie dem auch sei - bei uns in der Gesellschaft hat eine Frau heute schon einen relativ guten Stand. Unsere Frauen dürfen eine eigene Meinung haben, dürfen sich frei bewegen, anziehen was sie wollen, das Haus auch alleine verlassen und so weiter.

Im Kulturkreis des Islam sieht es da ein wenig anders aus. Ich möchte mich nicht zu weit aus dem Fenster lehnen. Ich weiß, dass es auch bei den Menschen, die den Glauben des Islam haben, Unterschiede gibt.

Da gibt es Menschen, die alles etwas offener und freier sehen und andere, die strengere Regeln ansetzen. Im Islam gibt es das Kopftuch oder sogar die Burka. Oft zählt eine Frau dort eben nicht so viel, wie ein Mann. Und es gibt genügend Unwissenheit bei uns im Land, wie es wirklich läuft im Islam.

Wir kennen hier meist die Bilder von den Frauen mit Burka, die von hinten aussehen wie Batman ohne Ohren und von vorne wie ein riesiger brauner Regenschirm.

Und jetzt kommts: Wir haben hier im Ort einen jungen Afghanen, einen wirklich freundlichen jungen Menschen. Ich bin ja immer schon der Meinung gewesen, dass es gut und normal ist, wenn man nach Italien in Urlaub fährt, dass man wenigstens mal ein paar Worte Italienisch lernen sollte, damit man höflich Bitte und Danke sagen kann. Sprache verbindet Menschen. Und wenn man zum Chinesen zum Essen geht finde ich es ganz natürlich und normal, dass man das mit den Stäbchen mal versucht. Im Grunde geht es doch darum, dass man den "Fremden" ein wenig Wertschätzung zeigt, indem man sich für deren Kultur und Sprache interessiert und versucht, für den persönlichen Kontakt bessere Bedingungen zu erreichen. Nun - da der junge Afghane eben ein sehr freundlicher junger Mann ist und ich schon in den 80er Jahren bei der Bundeswehr mich mit dem Krieg in Afghanistan befasst hatte, dachte ich mir, es wäre sicher gut, wenn ich ein bisschen mehr über das Land und die dortige Situation wissen würde. Eben um den Kontakt zu fördern. So habe ich mir Literatur besorgt (Hey, ja, stellt Euch vor - ich kaufe Bücher! Ist das geil, oder?) und habe festgestellt, als ich die Bilder von Land und Leuten betrachtet habe, dass die Burkas in Afghanistan (zumindest auf den Bildern!) nicht braun sind, sondern eine wirklich schöne blaue Farbe haben! Ich habe auch gelernt, dass es vor allem die Taliban waren (oder sind?), die darauf bestehen, dass die Frauen das Haus nur mit Burka verlassen dürfen!

Und, dass die Frauen das selbst nicht mögen, dass sie nicht alleine aus dem Haus dürfen und dass sie die Burka tragen müssen. Es kommt eben immer darauf an. Falls eine Frau eine schöne blaue Burka hat und sich in der Öffentlichkeit, weil sie schüchtern ist, sicherer fühlt unter ihrer Burka, wo ist das Problem? Wenn eine Frau gerne ohne Burka auch alleine auf die Straße möchte und die Männer sie auch wie einen gleichwertigen Menschen behandeln würden, wo wäre das Problem?

Wir haben auf unserem Planeten die unterschiedlichsten Kuturen, Regeln und Gesetze. Und wir werden solche Unterschiede auch in tausend Jahren noch haben, falls die Menschheit nicht zu blöd dafür ist und schon vorher die Bienen ausrottet. Es ist total okay, dass es Unterschiede gibt. Es gibt ja auch Blumen in allen möglichen Farben. Es wäre langweilig und "eintönig", wenn alles überall gleich wäre.

Dennoch denke ich, es wäre auf jeden Fall auch ein Vorteil, wenn wir als Menschheit eine gewisse gemeinsame Basis entwickeln könnten, die von allen angenommen und als wertvoll betrachtet wird.

Unkontrollierbare Geilheit die zu Vergewaltigungen führt sollten wir nicht dulden. Gewalt an Mitmenschen und Messerstechereien sollten wir nicht dulden.

Wir sollten etwas mehr nachdenken. Wenn wir alle Flüchtlinge unkontrolliert ins Land lassen, so wie 2015, so sollten wir dabei bedenken: Es kommen gute und schlechte Menschen, es kommen Menschen, die andere Kulturen und andere Erfahrungen mit sich bringen. In Afghanistan kann es Kinder geben, die mit 14 Jahren schon Menschen umgebracht haben. Das Land lebt seit Jahrzehnten im Krieg. Kinder mit Gewehren sind keine Seltenheit dort. Stellen sie sich einen pubertierenden deutschen Jungen vor, der mit seinem Gewehr hier im Land schon 5 oder 10 Menschen erschossen hat, oder auch nur einen oder zwei.

Die Hemmschwelle ist weg oder sehr weit abgesunken. Es kommen damit auch Menschen, die etwas andere Hemmschwellen und andere Probleme mitbringen ins Land.

Wenn Ungarn sagt: Schon ein Flüchtling ist zu viel! Dann sollten wir darüber erstmal nachdenken, bevor wir diese Einstellung gleich verurteilen. Die Ungarn und die Polen haben ihre Gründe, warum sie Flüchtlinge im Land ablehnen. Und es gibt auch kein gutes Bild ab, wenn die deutsche Regierung alle Schleusen öffnet, um dann nach drei Jahren zu verkünden: Wir wollen alle Flüchtlinge, die in einem anderen Land schon einen Asylantrag gestellt haben, dorthin zurückschicken.

Wissen sie was? Die Länder an den europäischen Außengrenzen sind es doch, bei denen die Flüchtlinge erstmal auftreffen.

Wäre ich ein Italiener oder Grieche und hätte eine unkontrollierbare Flüchtlingswelle vor der Haustüre und die Deutschen sagen mir: Wir schicken alle Flüchtlinge, die in Italien oder Griechenland bereits registiert sind und nach Deutschland wollen, zu Euch zurück - na wissen Sie, wie ich das Problem lösen würde, wenn Europa mich im Stich läßt? Ich registriere die Flüchtlinge nicht mehr und setze sie gleich in den Zug nach Deutschland. Weil ich mir sage: Wenn die nicht registriert sind, dann können die auch nicht zurück geschickt werden! Ätsch.

Das funktioniert doch nicht, wenn die Länder sich gegenseitig nicht ernst nehmen. Wenn die Italiener und die Griechen ein Problem haben, dann sollten sich alle anderen Länder in der Europäischen Gemeinschaft fragen, wie sie helfen können, eine gute Lösung zu erschaffen - ohne faule Kompromisthaufen.

Also - es kommen Menschen aus den unterschiedlichsten Beweggründen. Es gibt auch Grenzen der Belastbarkeit. Niemand kann die Welt alleine retten. Irgendwo ist immer eine Grenze.

Sie wollen eine Party organisieren und kaufen für 30 Leute ein. Dann kommt noch ein hungernder Bettler vorbei, der zumindest gewaschen ist und nicht stinkt. Natürlich werden Sie sagen: Wo es für 30 reicht, da reicht es auch für dich noch! Happy welcome, Bettler! Kommen aber 500 Bettler und wollen das Buffet stürmen, dann haben Sie ein Problem.

Ja, so einfach ist das. Wenn Sie einen Maßkrug haben, dann passt da ein Liter Bier rein. Wenn Sie mehr reinfüllen läuft erst der Schaum über und dann das Bier selbst. Sie werden es nicht schaffen, 2 Liter in den Maßkrug einzufüllen. Der Maßkrug kennt eine Obergrenze. Alles was über einen Liter eingefüllt wird ist ästhetisch nicht mehr schön und irgendwann läuft das klebrige, schaumlose Bier über den Rand und macht die Finger naß und pappig. Es gibt immer eine Obergrenze.

Außer beim Oktoberfest in München: Da passt in den Maßkrug auf jeden Fall nochmal so viel rein, wie schon drin ist. Das sind die bayerischen Eigenheiten - aber im Grunde läuft auch da irgendwann das Bier über.

Mit den Zugereisten ist es ganz genauso. Ein paar Fremde beleben das Stadtbild, erweitern den eigenen Horizont und die Kommunikationsmöglichkeiten. Doch wenn es zu viele werden, dann kippt das ganze System.

Es gibt immer eine Obergrenze. Horst Seehofer sagt: 200.000. Den Herrn Seehofer nimmt hier eh keiner mehr ernst, aber er hat's ja jetzt wenigstens mal irgendwie ausgerechnet. 200.000.

Wissen Sie, woran man jetzt die Volldeppen in Deutschland erkennt? Ich sag's Ihnen: Das sind die, die dann fragen: Ja und was ist, wenn Einer mehr kommt? Was dann?

Hallo Volldeppen: In den Maßkrug passt auch noch ein weiterer Tropfen Bier rein, das ist überhaupt kein Problem. Das Problem ist, dass manche Mitmenschen einfach nicht kapieren wollen, dass der Bierkrug eben nicht bis ins Paradies hochreicht, sondern dass er irgendwo oben einen Rand hat.

Und dieser Rand hat noch dazu ein riesiges Loch in der Mitte, wo dann gnadenlos der zweite Liter Bier überläuft.

Eigentlich, wenn ich mal so drüber nachdenke: Wir haben schon echt viele Vollpfosten, die jeden Tag in den Medien den Mund aufmachen und Blödsinn palabern dürfen. Die ganzen Beispiele hier habe ich mir ja nicht selber ausgedacht. Das sind so Aussagen, mit denen wir als Fernseh-Zuschauer täglich ringen müssen, weil wir damit zugeschmissen werden. Und uns erklärt das keiner, wann es depperter Schmarrn ist und wann es ein echtes Problem darstellt.

Wenn ein Patient jeden Montag in die Praxis kommt, der darüber klagt, dass er Schmerzen im Daumen hat, dann kann man ihm jede Woche eine Schmerztablette verschreiben. Oder man fragt ihn mal nach der Ursache. Stellt man fest, dass er sich beim Nageln am Wochenende ständig auf den Daumen schlägt, dann gibt es immer zwei sehr gute Lösungen: Erstens: er hört das Nageln auf und überlässt es denen, die es können. Oder zweitens: Er übt und lernt mit einem Gummihammer, wie man das richtig macht und nimmt erst dann wieder einen echten Hammer in die Hand, wenn er es kann. Es gibt immer mindestens eine gute Lösung.

Menschen, die in unser Land kommen, die darf man nicht "enttäuschen". Diese Menschen wurden 2015 regelrecht eingeladen. Ein sehr menschliches Signal und durchaus erfreulich.

Doch damit darf man es nicht belassen. Es muss auch richtig umgesetzt werden.

Was wir hier seit 2015 erlebt haben und immer noch erleben ist der totale Kontrollverlust.

Wenn wir doch schon selber genügend eigene Ganoven im Lande hatten und jetzt etwa eine Million weitere Menschen, Hilfe suchend, in unser Land kommen, dann sollten wir doch wenigstens versuchen, der Situation gerecht zu werden.

Da reicht es eben nicht, wenn wir mit Schildern am Bahnhof stehen und "Welcome refugee" draufschreiben, nach drei Jahren dann sichere Herkunftsländer erklären, damit wir die Afghanen und andere wieder abschieben können.

Hingegen Syrer, die schon mehrmals in Syrien Urlaub gemacht haben, lassen wir dann jedes Mal wieder einreisen und finanzieren sie weiter durch. Das versteht kein Mensch.

Warum registriert man die Menschen nicht an den Grenzen oder auf den Behörden? Fingerabdrücke und DNA - und speichert diese Daten zusammen mit der Meldeadresse in einer großen Datenbank. Dann könnte sich der Amsel nicht zwölfmal seine monatlichen Geldgeschenke abholen, während die normalen Menschen hart arbeiten und nicht so viel Kohle in der Tasche haben.

Ich bin kein Populist - ich schreibe nur mit einfachen Worten. Ich bin auch gerne bereit, darüber nachzudenken, falls ich etwas übersehen habe oder mit meinen einfachen Worten vielleicht falsch liege. Ich höre zu und ich kann auch annehmen und umdenken. Allerdings sollte man nicht verkennen, dass es den Menschen draußen (nicht nur auf der Straße, auch in den Büros) teilweise echt reicht.

Datenschutz ist wichtig, der Schutz der Menschen ist noch wichtiger! Wenn wir Menschen schützen wollen, dann brauchen wir dafür auch ein gewisses Maß an Daten. Da darf man gerne auch mal drüber nachdenken.

Wenn wir eine Wasserleiche finden und haben die DNA im System, dann kennen wir das Opfer. Wenn wir eine Vergewaltigung haben und haben die DNA, dann kennen wir den Täter. Dann müssen wir nicht monatelang "Rapisten-Zettel" an die Supermarkttüren hängen, ohne Phantombild, weil "die Schwarzen" alle gleich aussehen und das Opfer einfach nicht in der Lage war, ein tolles Phantombild zu erstellen.

Ich selbst kann mir sehr gut Gesichter merken. Mit Namen hab ich Schwierigkeiten und Zahlen sind der Horror für mich. Aber Gesichter kann ich mir sehr gut merken. Die sind aber nur in meinem Kopf. Vielleicht sollte ich mal versuchen, bei der Polizei ein paar Phantombilder erstellen zu lassen, nach meinen Beschreibungen. Zum Beispiel von Clint Eastwood oder Sharon Stone, oder von Woody Allen. Ich bin mir sehr sicher, dass die Polizisten keine Chance haben, zu erkennen, um wen es sich handelt. Wenn sich die Schauspieler aber verkleiden, mit und ohne Bart, mit Perücke, alt oder jung, die erkenne ich immer wieder. Nur eben ein Phantombild anfertigen zu lassen, das glaube ich, würde nix Gescheites ergeben.

Es wäre absolut notwendig Grenzen des Miteinander aufzuzeigen und auch durchzusetzen. Asylanten, die einer Krankenschwester Urin ins Gesicht schütten - es tut mir leid - da ist mir völlig egal, warum einer so etwas macht - solche Asylanten dürfte man sofort außer Landes bringen und mit dem Fallschirm über dem Herkunftsland abwerfen. Ich meine das wirklich ernst. Gewalttätige Asylanten braucht hier bei uns kein Mensch. Wenn jemand in seinem Heimatland für seine Taten verfolgt wird und es stellt sich hier bei uns heraus, dass er ein Vergewaltiger oder Bombenleger ist - tut mir nicht leid - dann würde ich diese Person auch in unserem Land verfolgen. Und dann wäre es ja egal, er wird ja sowieso verfolgt, im Herkunftsland und auch bei uns - den würde ich mit dem Fallschirm aus dem Flugzeug werfen. Über seinem Herkunftsland. Ob der einen Ausweis hat oder nicht wäre mir erstmal egal. Noch besser wäre es natürlich, um das Herkunftsland nicht mit solchen Rosinenbombern zu überlasten, wenn man die Kandidaten alle auf einer großen Insel abspringen ließe - da wären dann die ganzen Ganoven unter sich und könnten sich gegenseitig beglücken.

Das wäre sogar eine noch bessere Lösung und würde auch die Herkunftsländer von so manchem Problem befreien.

Wie gesagt - es gibt immer mehrere gute Lösungsansätze. Für uns hier in Europa wäre es einfach wichtig die Balance zu finden zwischen Toleranz und Konsequenz.

Macht es Sinn, wenn man Flüchtlinge vor der Lybischen Küste von einem lebensgefährlichen Schlauboot rettet und dann nach Europa verschifft? Sehen Sie - die anderen beobachten das und sagen sich: "Yeah - wir setzen uns Boot. Geht Luft raus, nix schlimm. Komme Deutsche und rette die meiste von uns. Hey. Und bringe uns in Schlaraffenland." Die nächsten warten schon an der Küste auf ihren Transport. Bringt man die Menschen allerdings sofort zurück an die lybische Küste, dann hat auch das eine Signalwirkung.

Die Frage ist doch: Wie hilft man diesen Menschen am besten?

Ursachen bekämpfen! Wenn so ein Volldepp (ich nenne keinen Namen!) tatsächlich Bomben aufs eigene Volk wirft, dann halte ich das für ein ziemlich schlechtes Benehmen. Wer so etwas macht, der braucht sich über Revolte nicht zu wundern.

Als ich König von Frankreich war, war es mein oberstes Anliegen und meine allererste Pflicht, für das Wohl des Volkes zu sorgen. Erst dann kommt das Wohl des Königs. Nicht umgekehrt. Das Volk hat mich damals nicht ermordet, es waren Neider und Intriganten, die den Thron für die eigene Blutlinie haben wollten. Die haben mich umgebracht.

Fluchtursachen bekämpfen ist ja nur das Eine. Was ebenso wichtig ist, ist doch, dass die Menschen, die in unser Land oder nach Europa kommen, auf der Suche nach Schutz, dass wir die nicht im Regen stehen lassen.

Ich schreib das jetzt mal ganz offen und ehrlich hin: Es war Ende 2015 oder Anfang 2016 - und ich wohne wirklich so ziemlich abgelegen im Wald.

Da sind schon noch ein paar weitere Häuser in der Straße, aber es ist insgesamt gesehen doch kein großer Ort und auch schon gar keine Stadt. Es sind einfach ein paar einzelne Häuser, umgeben von Wald. Also, wie gesagt, Ende 2015, Anfang 2016 kommt eine ausländisch aussehende Frau an mein Haus zum Betteln. Da habe ich echt kein Verständnis. Ich bin ein hilfsbereiter Mensch, wirklich. Nachts um drei - Autopanne im Regen - anrufen und ich komme. Kein Problem. Was ich aber nicht mag ist, wenn sich jemand anständig beim Amt meldet (ich weiß sehr wohl, dass man da auch manchmal saublöd angeredet wird!!), dann ist man registriert und bekommt vom Staat Geld zum Überleben. Für's nixtun. Ein Dach über den Kopf und Geld. Und das ist gut so. Also, wenn jemand anständig gemeldet und registriert ist, dann sollte es keinen Grund zum Betteln geben.

Ist jemand illegal im Land oder Teil einer Bettlerbande, die das Haus ausspionieren wollen, dann ist es umso schlimmer. Solche Menschen schicke ich grundsätzlich weiter.

Da hat mal ein Junge mit vielleicht 14 Jahren an meiner Haustüre geklingelt, der hatte einen einlaminierten Zettel dabei zum Betteln. Den habe ich auch weitergeschickt. Mit Abwinken und Handzeichen verstehen die das schon. Dann wollte er einen Schluck Wasser haben. Die sind ja nicht blöd, auch wenn sie noch so jung aussehen. Ich habe ihm die Richtung gezeigt und ihm gesagt, dass dort in 100 Meter Entfernung der Bach läuft mit klarem frischen Wasser. Dort kann er trinken. Ich lasse doch nicht jeden Fremden mit laminiertem Zettel in mein Haus. Ein paar Minuten darauf habe ich den Jungen nochmal auf der Strasse gesehen, wie er mit einem zweiten Jungen geschlendert ist und am Smartphone gespielt hat. Ich hatte damals noch kein Smartphone.

Auch die Frau, die ich vorhin erwähnt hatte, war nicht alleine.

Zwei Minuten hinter ihr kam ein ausländisch aussehender Mann daher. Zum Glück hatte ich da die Frau bereits erfolgreich abgewimmelt.

Ja, das kingt jetzt hart beim Lesen, das mag schon sein - aber ehrlich - soll ich jetzt rumlügen, nur weil ich vielleicht den Eindruck erwecke, den Friedensnobelpreis nicht verdient zu haben? Ich war zu beiden Bettlern freundlich, allerdings auch konsequent. Frau Merkel hat (ohne mich vorher gefragt zu haben) gesagt: "Wir schaffen das." Da sie mich nicht gefragt hat, kann sie mich auch nicht gemeint haben. Also sind diese "Wir" eine Gruppe von Experten, nehme ich an, die das Problem in seinem ganzen Ausmaß in Angriff nehmen und auch zuversichtlich sind, dass sie das schaffen. Da kann ich mich doch nicht einmischen und mit großzügigen Spenden alles durcheinander bringen? Oder? Wir sind ein reiches Land. Bei uns braucht keiner betteln. Und im übrigen ist betteln eh verboten. Die hatten ja eigentlich noch Glück, dass ich nicht bei der Polizei angerufen habe. Doch, doch, das meine ich auch ernst. Ich bin ein Freund der Polizei. Diese Menschen setzen Leib und Leben dafür ein, die Gesetze in unserem Land durchzusetzen. Die haben es nicht leicht.

Wir sind ja bei der Bundeswehr auch manchmal echt blöd angemacht worden. Ich erinnere mich noch an den unverschämten Satz einer Frau aus Hardheim - ich glaube sogar, die war im Gemeinderat. Jedenfalls gehörte sie zu der Sorte Frau, die sich gerne wichtig machen. Die sagte mal zu mir: "Das beste an Euch Soldaten sind die Namensschilder!"

Ich blieb freundlich damals in den 80er Jahren. Sollte Ihr Mann dieses Buch lesen, dann möchte ich ihm sagen: "Du Armer!" Sollte sie es selber in die Hände bekommen, dann möchte ich ihr sagen: "Sie sind eine wirklich unverschämte Person gewesen, damals. Und wenn Menschen ihr Leben und ihre Gesundheit zum Schutz des Volkes und des Staates einsetzen, dann sollte man diese Menschen nicht beleidigen!

Das zeugt von großer Unverschämtheit. Sie sind eine ganz dumme Frau, glauben Sie mir das ruhig. Gut, dass Sie kein Namensschild getragen haben, sonst hätte ich Ihren Namen jetzt dazu geschrieben. Ihr Mann tut mir wirklich leid, ganz ehrlich."

Wie viel Überwachung brauchen wir? Ganz ehrlich? Ich weiß es nicht, ich bin ja kein Experte. Allerdings würde ich nach dem Ansatz vorgehen: Sobald wir wissen, WAS wir erreichen wollen, sollten wir uns überlegen, WIE wir das erreichen können. Und - nachdem wir es ja WOLLEN, sollten wir es dann auch zügig und KONSEQUENT umsetzen. Nur so geht es.

Und vielleicht noch eine kurze Anmerkung zum Expertenteam von Frau Merkel: "In ein paar Tagen ist ja Wahl in Bayern - Ihr habt es bald geschafft!"

Werte

Für mich persönlich sind Werte ganz grundlegende Bausteine einer jeden Gesellschaft. Ein Mensch, der als Einsiedler im Wald lebt, der kann ja im Grunde alles machen, was er will. Da ist ja sonst niemand, den das stören würde.

Allerdings, sobald ein anderer Mensch dazu kommt, dann geht es darum, das "Miteinander Leben" zu regeln.

Solange Robinson Crusoe alleine auf der Insel ist, fragt keiner, was er macht. Als dann aber Freitag dazu kommt geht es ja schon los. Ist Freitag ein Menschenfresser, so wie seine Stammesbrüder? Muss man vor ihm Angst haben? Ist Robinson, als zivilisierter Mensch damit automatisch der Chef auf der Insel, weil der Wilde Freitag ihm gegenüber nichts zu sagen hat? Wer von beiden legt fest, welche Regeln gelten und wie man miteinander umgeht? Nun - wir kennen die Geschichte und natürlich war Robinson Crusoe der Chef, ganz klarer Fall - weil die Geschichte von einem Engländer geschrieben wurde und die Engländer einfach immer schon sehr gerne Chefs waren. Alles andere hätten die Leser des Romans ja gar nicht akzeptiert.

Wichtig ist einfach: Wo zwei oder mehr Menschen versammelt sind, da sollten Regeln definiert werden, damit eben nicht der eine den anderen im Schlaf verspeist.

Die Menschheit täte gut daran, sich Regeln zu überlegen, die von allen Erdenbürgern akzeptiert werden.

Zum Beispiel:

Ein Mensch tötet keinen anderen Menschen - es sei denn aus Notwehr bei einer direkten Bedrohung des eigenen Lebens oder bei einer direkten Bedrohung des Lebens eines Dritten, praktisch als Nothilfe.

Ein Mensch stiehlt nicht die Besitztümer eines anderen Menschen.

Ein Mensch lässt nicht einen anderen Menschen vor seinen Augen verhungern oder verdursten. Ja, Sie kennen meinen Humor inzwischen - da könnte oder sollte man wohl noch hinzufügen: Wenn er den Weg oder die Richtung zum nächsten Bach kennt, so weist er diese dem Hilfesuchenden zu.

Ein Mensch achtet die Freiheit und den Willen eines anderen Menschen. Gewalt und Betrug sind unehrenhaft und werden bestraft.

Ein Mensch achtet die lokal gültigen Gesetze der Menschen, unter denen er sich aufhält. Sollte ein Mensch diese Gesetze nicht akzeptieren wollen, so ist ihm freier Abzug zu gewähren, solange er diese Gesetze nicht wissentlich gebrochen hat.

Das sind nur mal so ein paar Gedanken. Ich denke, alleine wenn sich die Menschen auf den ersten Satz einigen könnten, dann wäre schon ganz viel gewonnen. Es wäre der erste Schritt in eine friedlichere Welt. Assad müsste einpacken.

Auch folgende Werte finde ich, seit meinem Leben als Ritter, absolut schützenswert:

Ehrlichkeit - es kann nicht sein, dass ein Neuankömmling absichtlich lügt, wenn es um die Feststellung des Alters geht, um Ausweise oder darum, dass man sich mit 12 Identitäten an den Menschen bereichert, die helfen möchten. Auch Politiker sollten sich keinen Doktortitel ergaunern dürfen. Solche Menschen verlieren meine Achtung - unwiederbringlich. Wie hieß der Politiker mit den glänzenden, gegeelten Haaren noch? Guttenberg. Wie gesagt - bei mir hat er jegliche Achtung verloren, unwiederbringlich und auf Lebenszeit.

Treue wäre noch wichtig. Treue und Vertrauen gehören zusammen. Freundschaft ist auch wichtig. Freunde sind ehrlich zueinander und halten zusammen. Verläßlichkeit ist wichtig. Wenn du etwas sagst, dann soll es auch so sein. Und natürlich Aufrichtigkeit. Das erfordert Mut. Kann man aber hinkriegen und lohnt sich auch.

Falls Ihnen noch andere Werte einfallen - bitte sehr gerne. Alle Werte, die einen positiven Effekt auf unser gemeinsames Zusammenleben haben, sind im Grunde gut für uns.

Respekt wäre noch wichtig - Respekt im Umgang mit Rußland zum Beispiel. Wir sollten endlich einmal lernen, ein wenig aufgeschlossener zu sein und was das Vergiften von doppelzüngigen Agenten angeht, da habe ich ein gewisses Verständnis. Auch unter Ganoven sollte es eine gewisse Ehre geben. In einem früheren Leben, ja, da war ich in der Mafia. Da zählt die Familie, das Geschäft und natürlich die Ehre. Es gibt Regeln nach denen auch ein zwielichtiges Geschäft funktionieren sollte. Einen Ehrenkodex sollte jeder haben, selbst Ganoven. Doppelagenten, die beide Seiten betrügen, haben keine erkennbare Ehre. Dafür lohnt es sich nicht, gute Beziehungen zu einem wichtigen Land aufzuopfern. Finde ich. Das lohnt sich wirklich nicht. Dem Doppelagenten sind doch die Länder auch egal. Dann kann den Ländern auch der Doppelagent egal sein, oder etwa nicht?

Gerade eben kam wieder ein Beitrag über die Vergiftung des Doppelagenten Skripal und seiner Tochter in den Nachrichten. Da hieß es zu den Kommentaren aus Rußland, Putin habe gesagt: "Er hat sein Vaterland verraten. Er ist ein Drecksack." Meine ehrliche Meinung hierzu: Putin spricht die Wahrheit, offen ehrlich, knallhart. Und er hat damit absolut recht. Da mögen sich die Briten noch so echauffieren, egal, welche Seite den Doppelagenten vergiften wollte - ich kann es nachvollziehen und verstehen. Was meinen Sie? Ist Skripal ein Drecksack ohne Ehre? Dann kann sowas schon mal passieren, dass das jemand merkt, dem das nicht gefällt. Das eigentliche Verbrechen fängt doch bereits da an, wo jemand ohne Gewissen nur aus Geldgier alle seine Partner betrügt. Von mir gibt es an dieser Stelle ein ganz großes "Like" für Herrn Putin. Der Mann sagt, was er denkt und ist wirklich glaubwürdig. Ich rechne ihm das hoch an.

Gewaltlosigkeit wäre auch wichtig. Grundsätzlich. Das kommt jetzt ein bisschen seltsam, wenn ich eben noch erzähle, dass ich mal bei der Mafia war und dann von Gewaltlosigkeit schreibe. Verstehen Sie mich bitte richtig. Das gilt immer, bei der Bundeswehr, bei der Polizei und auch für jeden rechtschaffenen Bürger. Gewalt ist nur das letzte Mittel und sollte auch nur im kleinstmöglichen nötigen Maß eingesetzt werden, um ein rechtschaffenes Ziel zu erreichen. Es gibt allerdings Situationen im Leben, in denen Gewaltanwendung leider notwendig erscheint oder ist.

Wir leben ja alle nicht im Paradies. Wir arbeiten noch daran und manche tun das auch mit seltsamen Vorstellungen - siehe die Anmerkungen zu den Zeugen Jehovas weiter vorne.

Gewaltlosigkeit war einer der Werte, die in meinem Leben bei der Mafia nicht gelebt wurden, beziehungswerise auf die Probe gestellt wurden. Ich habe daraus gelernt, dass Familie wichtig ist, dass sich allerdings die Gewaltanwendung letztlich wieder in Leid für die eigene Familie umwandelt. Du kannst Glück und Freude nicht mit Pistolen erkaufen. Das zahlt sich nicht aus.

Und vielleicht noch eine letzte "wertvolle" Anmerkung: Wenn es einen Urschöpfer geben sollte (und meiner Erfahrung nach gibt es diese Urquelle, diese geistige, göttliche schöpfende Urquelle), dann sollte auch klar sein: Es gibt letztlich nur EINE Quelle. Egal wie verschieden die Namen dafür sein mögen. Allah, Gott, Manitu, Jehova, Ra, was auch immer. EINE Quelle. Denken Sie mal drüber nach.

Ob wir unseren Schöpfer erkennen, hängt von uns ab. Das Bild, das wir uns von unserem Schöpfer machen, entsteht in uns selbst. Wir alle können uns auch täuschen und irren. Es liegt an uns, ob wir "im Namen unseres Gottes" helfen oder töten. Ob wir "das Richtige" getan haben erkennen wir manchmal erst, wenn unser Leben wieder vorbei ist. Dann fühlen wir, was wir getan haben.

Der Weg nach Innen

Wir haben in diesem Buch einige Blicke auf "Religionen" geworfen. Für den Menschen, der selbst noch keinen persönlichen Zugang zu irgendwelchen geistigen Ebenen gewonnen oder erreicht hat, sind Religionen eine Hilfe, ein Halt. Der oder die Gläubige erhält Antworten auf enorm wichtige Fragen. Je nachdem, wie gläubig ein Mensch ist, und wie "wertvoll" die Aussagen sind, die von den Menschen kommen, die eine Religion für die Gläubigen interpretieren, wird eine mehr oder weniger "gute" Verbindung zum Ursprung allen Seins, also zur Ur-Quelle unseres Universums oder zum Schöpfer aufgebaut.

Religionsvertreter sind auch nur Menschen und demnach kann jede Interpretation auch falsch sein. Es gibt einige Weltreligionen, die sich teilweise auch in ganz wesentlichen Punkten unterscheiden - allerdings dürfen wir ja doch davon ausgehen, dass es nur EINE Wahrheit gibt. Ein Wissenschaftler und jeder, der eins und eins zusammenzählen kann, kommt damit zu dem Ergebnis, dass nicht alle Religionen mit allen Einzelheiten recht haben können. Das geht nicht. Demnach findet sich auch in den Weltreligionen ein gehöriges Maß an Ungenauigkeit, Falschwissen oder sogar Blödsinn, der den Gläubigen gepredigt wird. Das sollte man einfach mal nüchtern auf sich wirken lassen.

Wenn wir alle diese Unterschiede einmal weglassen und uns nur auf die Gemeinsamkeiten konzentrieren, praktisch um die gemeinsame und möglicherweise tragfähige Essenz aller Religionen herauszufiltern, so können wir das folgende feststellen:

Religionen gehen davon aus, dass es einen intelligenten oder sogar allwissenden Ursprung der Schöpfung gibt, eine Absicht, beziehungsweise, eine geistige grundlegende Komponente, die wir im allgemeinen als Schöpfer bezeichnen.

Allah, Gott, Manitu, Ra, wie auch immer die Menschen diesen Schöpfer rufen oder nennen. Ein Schöpfer, eine Ur-Quelle.

Es gibt Menschen, die glauben das und welche die es nicht glauben. Wie gesagt - Glaube ist etwas, was man nicht beweisen kann. Jeder Mensch ist aufgefordert, seine eigenen Antworten hierzu zu finden um ein ganz persönliches Weltbild entstehen zu lassen. Die Qualität dieses Weltbildes ist auch ganz wesentlich dafür mit verantwortlich, mit welcher Qualität das Leben dieses Menschen tagtäglich stattfindet.

Menschen ohne Religion und ohne Glauben sind oft auch ohne Sinn und Perspektive, neigen zu Depressionen und Zukunftsängsten. Auch wenn ein Glaube falsch sein kann (wegen der ganzen wesentlichen Unterschiede der einzelnen Religionen und weil man es eben nicht beweisen kann), also auch wenn ein Glaube falsch sein kann, so schöpfen die gläubigen Menschen doch meist Kraft und Zuversicht aus ihrer Religion, sind meist ausgeglichener und glücklicher. Manche sind unrealistisch verträumt und verklärt - die Frage ist doch, was ist besser: Verklärt oder depressiv?

Wenn wir davon ausgehen, dass es einen Schöpfer gibt, so können wir auch feststellen, dass dieser Schöpfer das Universum und alles, was wir kennen ERSCHAFFEN hat. Er hat es nicht zerstört, sondern kreativ erschaffen.

Vielleicht sollte sich das jeder nochmal ins Gedächtnis rufen, wenn es darum geht, für die eigene Religion etwas zu zerstören oder dafür Menschen zu ermorden.

Gott mordet nicht, der Mensch führt diese Taten aus. Ein Schöpfer befiehlt niemandem, die Schöpfung oder Teile davon zu zerstören. Offensichtlich lässt der Schöpfer den Menschen die große Freiheit, darüber selbst zu entscheiden, ob der Mensch kreativ etwas erschaffen oder lieber destruktiv etwas zerstören möchte.

Nach meiner Erfahrung gibt es nach dem Ableben auch eine Bewertung des eigenen, vergangen Lebens.

Und diese Bewertung erfolgt aus einem liebevollen, hinwendungsvollen Bewußtsein heraus, nicht aus einem bestrafenden oder zerstörenden Blickwinkel. Jeder Mensch, der sich gegen die liebevolle Hinwendung und für die Zerstörung und das Morden entschieden hat, wird nach dem eigenen Tod möglicherweise erkennen, dass die Taten der Schöpfung widersprochen haben.

Der Schöpfer ist die Ur-Quelle für alles, was wir kennen: Unser Universum, unsere Erde, der Planet, der uns seit Jahrtausenden eine lebensfreundliche Atmosphäre bietet, die wir gerade selbst zerstören, die Natur, die mit geradezu unglaublich faszinierenden Gesetzen alles regelt, das Leben an sich, das immer und überall auf unserem Planeten und auch im gesamten Universum jeden Moment entsteht. Einzeller entwickeln sich zu Mehrzellern, wir haben eine faszinierende Pflanzenwelt, eine unglaubliche Vielfalt auch in der Tierwelt und wir betrachten uns Menschen als die Krone der Schöpfung. Das ist ein bisschen selbstverliebt und eingebildet - jedoch, wenn wir uns einmal als Krone betrachten wollen, so darf man auch feststellen, dass uns dann damit auch eine ganz besondere Verantwortung zukommt. In dem Maße, wie wir glauben alles zu verstehen, sollten wir auch versuchen, die Schöpfung zu schützen. Dort, wo wir wissentlich und sogar gegen besseres Wissen zerstörend in die Natur eingreifen, aus den unterschiedlichsten Beweggründen die Zerstörung für den eigenen Vorteil in Kauf nehmen, sollten wir damit rechnen, dass die Natur zurückschlägt.

Die Natur arbeitet nach ganz bestimmten Gesetzen, sonst wäre eine stabile Umgebung als Voraussetzung für die Entstehung von Pflanzenwelt, Tierwelt und letztlich auch unser eigenes Leben erst gar nicht möglich. Verstoßen wir gegen diese Gesetze, dann erscheint es nur logisch angemessen, dass die höhere Intelligenz der Natur sich etwas einfallen lässt, um wieder ins Gleichgewicht zu kommen.

Wenn wir jetzt noch die geistige Komponente mit einrechnen wollen, dann erscheint es durchaus sinnvoll, den Menschen auch "hilfreiche Lektionen" zu verpassen, dort, wo die Zerstörung Ausmaße annimmt, die die Existenz des Lebens auf der Erde langfristig bedrohen.

Meine ganz persönliche Meinung: Wenn ein Volk tonnenweise Müll ins Meer kippt braucht es sich nicht zu wundern, wenn ein Tsunami kommt, die Häuser wegschwemmt und die Menschen darin ersaufen. Letztlich entspricht das nur den schöpferischen Gesetzen der Natur, das Leben zu unterstützen und zu fördern.

Die Natur braucht uns Menschen nicht. Das Leben auf diesem Planeten wird auch nach dem Verschwinden der Menschheit im Rahmen der dann noch vorhandenen Möglichkeit weitergehen.

In Tschernobyl wachsen heute Pflanzen, die sind viel stärker und robuster als die vor dem Reaktorunfall. Die Radioaktivität dort tötet die Menschen, die Natur lebt weiter.

Schauen wir uns einmal an, wie wir als Menschen mit der Schöpfung umgehen: In Bezug auf die Tiere finden wir heute eine Massentierhaltung, die nur dazu dient, für die gefräßigen Mäuler von Milliarden Menschen möglichst billiges Fleisch zu produzieren. Die Tiere sind nur noch eine Ware ohne jede Würde, das weiß jeder, der schon einmal ein klein wenig hingeschaut hat, wie diese Tiere gehalten und wie sie letztlich auch abgeschlachtet werden. Gerade vor wenigen Tagen hat unsere großartige Regierung beschloßen, dass kleine Ferkel auch die nächsten zwei Jahre ohne jede Betäubung bei vollem Bewußtsein weiter kastriert werden dürfen. Es ist ein schmerzhafter Prozeß - keine Gnade für die Ferkel! Achtung - die Natur kann zurückschlagen!

Wale und Delphine werden aus Gier oder purer Mordlust abgeschlachtet, Elefanten stehen kurz vor dem Aussterben, aus Gier, Nashörner ebenfalls.

Pflanzen werden mit "Pflanzenschutzmitteln" versorgt, damit die Ernteerträge maximiert werden. Es gibt keine "Pflanzenschutzmittel". Das ist nur ein Märchenname. In Wirklichkeit sind es "Pestizide", also Insektenvernichtungsgifte.

Die Erde wird vergewaltigt um ihr die Schätze zu entreißen, wie zum Beispiel beim Fracking. Wenn Sie nicht wissen, was das ist, fragen Sie mal den Google.

Das Leben der Menschen wird seit Ewigkeiten immer irgendwo auf dieser Welt durch Kriege bedroht. Manche sagen, der Mensch ist schlimmer als jedes Raubtier. Die Waffenindustrie schreibt Rekordzahlen bei den Einnahmen und Gewinnen. Mit Krieg ist eben immer noch viel Geld zu verdienen.

In Deutschland kommen jetzt Fahrverbote für ältere Dieselfahrzeuge, in anderen europäischen Nachbarländern hört man davon nichts. Sind es wieder nur die Deutschen, die hier ein Problem haben? Ich dachte immer Europa hätte auch einheitliche Gesetze zum Ziel. Einheitliche Grenzwerte für alle Bürger in Europa und so weiter. Es scheint mir nicht so, wenn es um schmutzige Luft geht. Da fragt sich nur: Ist die Luft bei uns in Deutschland schmutziger als bei den Nachbarn oder wird unsere Luft in Zukunft sauberer sein, weil die Nachbarländer das Problem ignorieren? Manchmal habe ich den Eindruck, die Menschen stellen den Politikern und den "Experten" nicht die richtigen Fragen. Sonst wüßten wir Bescheid über die ganzen Zusammenhänge. Wir werden nur immer mit Phrasen gefüttert, haben dann Angst, dass unsere Autos an Wert verlieren oder dass wir damit nicht mehr überall fahren dürfen. Hatte ich schon erwähnt, dass ich da, wo diese extrem dreckige Luft in den Städten ist, gar nicht hin fahren MÖCHTE? Ja, ich glaube, das hatte ich erwähnt.

Wie kommt so viel Plastikmüll ins Meer, dass dort Teppiche schwimmen, die größer als ganze Länder sind?

Im Urlaub hatten wir mal eine Bootsfahrt gemacht, von Ibiza nach Formentera. Einigen ist auf dem Boot schlecht geworden. Eine Frau war dabei, die hat eine Plastiktüte herausgekramt, hat sich in die Plastiktüte hinein übergeben und dann das Fischfutter mit samt Plastiktüte einfach ins Meer geworfen. Wie blöd kann ein Mensch sein? Da hätte sie doch auch ganz ohne Plastiktüte die Fische füttern können, oder? Was wollen Fische mit einer in Plastik verpackten Mahlzeit anfangen? Wieso muss man Bananen noch zusätzlich in Plastik verpacken? Wie war das eigentlich, als ich noch ein Kind war? Wir hatten damals noch keine gelben Säcke für den Plastikmüll. Meine Eltern hatten nur eine einzige Mülltonne und die hieß "Aschentonne". Meine volljährigen Söhne wußten nicht, was eine "Aschentonne" ist, als ich sie gefragt habe. Die Zeiten ändern sich. In zwanzig Jahren, wenn ich zu tatterig und geistig zu langsam bin zum Autofahren, dann möchte ich ein Auto, das mich autonom überall hin fährt und einen Roboter, der den Müll rausbringt und nicht nach Stinkoxyden riecht. Ah - hatten Sie schon bemerkt, dass die in den Nachrichten, wenn es ums Thema Dieselfahrverbote geht, immer irgend einen fetten Auspuff zeigen, aus dem dicker Qualm rauskommt? Die Bilder kennen Sie doch sicherlich. Und - Zusatzfrage: Wann haben Sie schonmal im echten Leben ein Auto gesehen, bei dem hinten am Auspuff solche Qualmwolken herauskommen? Wenn Sie jetzt eins und eins zusammenzählen, dann bekommen Sie eine kleine Vorstellung davon, wie wir alle jeden Tag bei vielen Themen von den Medien manipuliert und mit plakativen blöden Bildern zugeschmissen werden, die eigentlich überhaupt nicht der Realität entsprechen.

Bei den Medien geht es ja nicht darum, die Realität zu zeigen, sondern, da hat sich jemand überlegt, was der Zuschauer sehen soll und welche "Message" vermittelt werden soll.

Und dann nimmt man die plakativsten Bilder und Aussagen, die man bekommen kann um eine "sensationelle" Berichterstattung zu übertragen. Es ist Manipulation. Lug und Trug (zu einem gewissen Grad, nicht komplett, das versteht sich), nur damit der dumme Michel auf dem Sofa die subtile Botschaft auch wirklich in sein blödes Hirn bekommt.

In Deutschland werden Bücher verboten. Wäre es nicht besser, diese Bücher mit einem Index zu versehen, anstatt sie zu verbieten? Dann könnten sich die mündigen Staatsbürger selbst ein Bild davon machen, was da für ein Blödsinn drinsteht, den keiner lesen soll. Schützt man die erwachsenen, mündigen Bürger vor allen "unreinen" Gedanken, dann verblöden sie mit der Zeit noch mehr, weil sie immer nur gesiebte Gedanken erhalten. Ein bisserl Dreck schadet nicht, sagt man hier in Bayern. Dreck hilft, Abwehrkräfte zu bilden. Es ist schon klar, dass Babys und alte Menschen schwächer sind und daher auch vorrangig geschützt werden müssen vor Bakterien, Viren und anderen Gesundheitsgefahren. Dennoch ist es für den gesunden Menschen durchaus sinnvoill, wenn er mal hin und wieder mit "Dreck" in Berührung kommt. Und da meine ich auch geistigen Dreck, denn das stimuliert zum Nachdenken und trainiert letztlich die Abwehrkräfte im Gehirn.

Schöne neue Welt. Alles ist heute besser als noch vor 50 Jahren, oder? Und in 50 Jahren wird alles noch besser sein. Nur das Wetter haut uns jedes Jahr die autonom fahrenden Autos kaputt, Stürme decken unsere Häuser ab und das Meer spült den Plastikmüll zurück ans Land und nimmt dafür die Häuser mit. Dafür wird es schön warm und wir können hier in Deutschland exotische Früchte anbauen, wenn wir wollen. Falls wir noch Wasser zum Gießen haben. Nestlé will ja das Wasser privatisieren, hört man. Geile neue Welt. Und unsere Politiker? Schlafen die oder bekommen die Schmiergelder, damit sie wegschauen? Manchmal könnte man es echt meinen.

In Ingolstadt stand mal an einem Torbogen am Freibad: "Fett und faul und nix im Hirn, Kanzler sein und regiern." Wir hatten damals einen etwas fülligen Bundeskanzler. Das ist doch geschmacklos, oder?

Aus Sicht des Schöpfers ergibt sich folgender Blick auf unsere Welt, beziehungsweise unsere Erde: Religionskriege sind an der Tagesordnung, die einen rufen zum Kreuzzug auf um Moslems zu töten, die anderen führen Jahrhunderte später im Namen Allahs den heiligen Krieg Dschihad. Attentäter und Gotteskrieger wohin man schaut in beinahe jedem Land. Würde man einmal alle religiös motivierten Bluttaten wirkungsvoll unterbinden, dann wäre unsere Welt sehr viel friedlicher. Was ist das für ein Gott, dem der Krieg so gut gefällt, dass er seine heiligen Krieger zum Morden in den heiligen Krieg überall auf dieser Welt entsendet?

Sehen Sie - es gibt diesen kriegerischen Gott, der sich am Morden von Ungläubigen ergötzt, gar nicht. Es ist wieder nur der Mensch, der mit seinen kranken Gehirnen glaubt, es gäbe einen heiligen Krieg. Der wahre Schöpfer erfreut sich, wenn es der Natur gut geht, wenn das Leben auf diesem Planeten und im ganzen Universum erblüht und lädt die Geschöpfe jeden Tag ein, die Wunder der Schöpfung zu entdecken. Wir Menschen sind es, die blind vor Gier und Haß, nach Macht und Geld strebend, den Blick für die Wunder und die Schönheit der Schöpfung nur allzu oft verloren haben.

Wir Geschöpfe des einen großen Geistes sind aufgefordert, diese Wunder und Schönheiten jeden Tag aufs neue zu entdecken. Auch wir dürfen uns an der Schöpfung erfreuen. Es liegt doch nur an uns selbst, ob wir Haß oder Liebe empfinden, ob wir die duftenden Blumen abmähen und zertrampeln oder uns daran erfreuen. Gott läßt uns die freie Wahl. Wir dürfen machen, was wir wollen. Wir haben den göttlichen Geist auch in uns. Es wäre wirklich gut, wenn wir endlich einmal lernen würden, wie man richtig lebt.

Die EINE Welt

Wir haben nur diesen einen Planeten als unser Zuhause zur Verfügung. Wie möchten wir diese EINE Welt für uns haben? Ich denke, die meisten werden sagen: Friedlich sollte sie sein, diese Welt.

Wenn wir als Gruppe in dieser Welt leben und annehmen, dass es noch keine Regeln für unser Zusammenleben hier gibt, dann könnten wir ganz von vorne anfangen, unsere Welt zu definieren. Ich denke, wenn wir uns als Gruppe verstehen und jeder begreift, dass wir durch ein "Miteinander" besser leben, als wenn jeder sich "auf eigene Faust durchschlägt", dann wäre recht schnell ein Konsensus, also eine gemeinsame Denkweise, gefunden.

Jeder würde dafür sorgen, dass es der Gruppe gut geht. Es gibt ja diese Maslovsche Bedürfnispyramide. Die Gruppe würde dafür sorgen, dass jeder zu Essen und zu Trinken hat, Kleidung und ein Dach über dem Kopf als Schutz vor der Witterung. Im Winter wäre auch eine Wärmequelle von Vorteil. Recht viel mehr bräuchte es schon nicht zum Überleben.

Ja, und dann kommen die Dinge, die eben weiter oben in der Pyramide zu finden sind.

Anerkennung, sozialer Status, Reichtum, Sexualität - je weiter wir nach oben steigen, um so komplexer und ausgefallener werden die individuellen Bedürfnisse und um so schwieriger wird es, Regeln zu formulieren, mit denen jeder Einzelne sich wohl fühlt. Da fangen dann die Schwierigkeiten an.

Dennoch wäre es ja sinnvoll und nicht so besonders schwer, wenn die Gruppe sich vom Boden, also der Basis der Pyramide, langsam und mit Umsicht nach oben vorarbeitet beim Formulieren der Regeln.

Was wir heute in unserer Gesellschaft immer wieder beobachten sind Menschen, die ihren Lebensweg über Dummheit, Gier und Gewalt beschreiten und bestreiten. So sieht's aus, wenn wir einmal ehrlich mit uns selber sind.

Der Mensch, der sich mit gutem Herzen für andere aufopfert, kommt nicht selten unter die Räder derer, die nicht einmal Rücksicht nehmen.

Ein gemeinsames Verständnis, Werte, die von allen als Basis anerkannt werden, wären eine große Hilfe. Einfach eine Basislinie definieren, dass eben niemand verhungern oder verdursten muss - das wäre ein vielversprechender Anfang. Daneben wäre sicher auch eine Oberlinie hilfreich. Klar kann man sagen, dass es keine Oberlinie braucht, wenn es darum geht, wie viel Reichtum ein einzelner Mensch oder eine einzelne Familie anhäufen darf. Jedoch - so lange es Menschen gibt, die unterhalb der Basislinie leben, also verhungern und verdursten, so lange, meine ich, stimmt etwas nicht im Gesamtsystem. So lange Menschen verhungern sollte man durchaus überlegen, ob es Oberlinien geben sollte, damit das Sahnehäubchen auf den riesigen Kuchen der Superreichen eventuell an diejenigen verteilt wird, die ansonsten verhungern würden. Und auch die geistige Nahrung wäre wichtig. Hierzu zählen sicherlich ein gesunder Kontakt zur Natur, ein gesundes Herz, das am rechten Fleck sitzt und eine positive Verbindung zum Schöpfer, im Einklang mit der Welt, in der wir leben. Ich bin davon überzeugt, dass es sich lohnt, darüber nachzudenken, zu Ergebnissen zu kommen und diese dann auch als EINE Menschheit gemeinsam umzusetzen.

"America First" ist ein Gedanke, der spaltet. Ich liebe die amerikanischen Filme und die Marvel BluRays in 3D bestelle ich sofort, sobald man die Vorbestellung auslösen kann. Wenn ich ehrlich bin, dann sind die Marvel-Filme, die neu auf den Markt kommen auch ein Grund dafür, dass ich noch ein wenig weiter leben möchte.

Ja klar, das ist Kinderkram, jedoch finde ich diese Filme so unterhaltsam und wirklich gut gemacht, dass es für mich ein Erlebnis ist und eine große Freude, diese und andere gute Filme anzusehen.

Freude am Leben ist ja auch so total wichtig. So wie wir die Sonne zum Leben brauchen, so brauchen wir auch ein wenig Licht in unseren Herzen. Wo sich jeder einzelne Mensch die Kraft zum Leben holt, kann sehr individuell sein, doch wer aus der Depression raus möchte, der sollte einen Weg zur Freude kennen und wissen, was es eben für Kleinigkeiten sind, die Freude bereiten.

Religion ist ein Aspekt, der uns helfen kann, die Schöpfung ein wenig besser zu verstehen. Allerdings sollten wir weniger den Worten der anderen Menschen Glauben schenken, sondern eher unserem inneren Gefühl.

Dort, wo Zweifel aufkommen, sollten wir diese auch zulassen. Wenn es sich in unserem Herzen richtig anfühlt, dann gibt es keine Zweifel. Unser Herz sitzt an der zentralen Stelle und dort sitzt auch die liebevolle Zuwendung. Das Herz versorgt den Körper, auch den des Mörders. Anstatt zu fragen, "wie kann Gott so ein Verbrechen, so ein großes Unglück zulassen" könnten wir auch fragen "wie kann das Herz eines Mörders und Vergewaltigers nur weiter schlagen"? Das Herz versieht einfach nur seinen liebevollen Dienst am Menschen, selbst wenn der Mensch seine Hände dazu benutzt, um andere Menschen umzubringen. Der Schöpfer hat die Welt auch aus Liebe erschaffen, selbst wenn wir Menschen dann die Katastrophen auf Erden auslösen. Deshalb lässt unser Schöpfer auch die schlimmen Dinge zu. Weil es eben so ist. Er liebt die Schöpfung (nehme ich an) und lässt die Geschöpfe eben alle Möglichkeiten ausleben - in Eigenverantwortung, wenn Sie so wollen. Und der Tag, an dem jeder Einzelne dann seine eigenen Antworten geben wird, der kommt mit dem Todestag. EIGEN-ver-ANTWORT-ung.

Ein Rechenbeispiel

Vielleicht wäre es gut, wenn jeder Einzelne von uns seinen ganz individuellen Beitrag für ein gutes Leben aller Geschöpfe im Miteinander auf unserem Planeten leisten würde.

Im Folgenden möchte ich an einem kleinen Rechenbeispiel verdeutlichen, ob wir eine Chance hätten, durch Umverteilung der Reichtümer (erstmal nur in Deutschland) eine deutliche Verbesserung für alle zu erreichen. Ich wollte diese Rechnung schon so lange einmal machen, hatte jedoch bisher nie die Muße gefunden, es wirklich einmal durchzurechnen. Sie sehen - ich selbst kenne im Moment das Ergebnis noch nicht und ich finde, das macht die Sache doch mal wieder so richtig spannend.

Ich schreibe also im Folgenden über etwas, desses Ausgang ich selbst noch nicht kenne. Ich kenne die Lösung nicht und kann daher jetzt auch noch nicht sagen, ob eine Umverteilung von Reichtum in Deutschland etwas Gutes wäre oder ob es Quatsch ist, so einen Gedanken zu haben.

Ein Beispiel vorweg: Ein Jäger geht in den Wald und erlegt einen Hasen. Am Abend kommt er zur Gruppe zurück. Sein Beitrag für die Gruppe ist es, auf die Jagd zu gehen. Ein anderer in der Gruppe fertigt Schuhe, einer macht Pfeile und Bögen, wieder jemand anderes kocht oder kümmert sich um die Kinder. In der Gruppe funktioniert das Zusammenleben, weil jeder einen Beitrag dazu leistet nach den individuellen Interessen und Fähigkeiten. Unser Jäger kommt also mit einem Hasen zurück und dann wird der Hase in der Gruppe geteilt, damit jeder etwas zu Essen hat, der eben nicht auf der Jagd war. Da es mehr als nur den einen Jäger in der Gruppe, oder für die Gruppe, gibt, wurde eine Regel erlassen, dass ein jeder Jäger, wenn er einen Hasen erlegt, einen halben Hasen für seine Familie behalten darf und einen halben Hasen für den Rest der Gruppe (also für die "Allgemeinheit") abzugeben hat.

So weit, so gut. Bringt nun ein Jäger zwei Hasen nach Hause, dann darf er einen Hasen für sich und seine Familie behalten, und den anderen Hasen gibt er ab.

Bringt ein Jäger drei Hasen nach Hause, dann muss er zwei Hasen abgeben, da ein Hase für eine Familie genug ist, um satt zu werden.

Jetzt kommt der Jäger ins Überlegen: Wenn ich zwei Hasen fange, dann gebe ich einen ab und einen kann ich behalten. Wenn ich drei Hasen fange, dann muss ich zwei abgeben und einen kann ich behalten. Wieso soll ich mich denn nach dem zweiten Hasen noch anstrengen, wenn ich den dritten ja sowieso abgeben muss? Also lege ich mich doch, sobald ich den zweiten Hasen gefangen habe für den Rest des Tages einfach in die Sonne und kehre am Abend mit zwei Hasen zur Gruppe zurück. Meine Famile hat dadurch keinen Schaden.

Sie sehen an diesem einfachen Beispiel, wie sich "Politik und Gesetze" auf das Verhalten eines talentierten Jägers und damit auf das Ergebnis und den Wohlstand der gesamten Gruppe auswirkt. Eine Begrenzung nach oben, also eine Oberlinie scheint hier wenig Sinn zu machen. Die Leistungsfähigkeit der Jäger der Gruppe nimmt ab, wenn man eine Oberlinie zieht. Das sollten wir einfach mal im Hinterkopf behalten, wenn wir uns ans Durchrechnen machen mit den Zahlen für ganz Deutschland.

Hier ein paar grundlegende Informationen: Derzeit ist unser Reichtum im Land wie folgt verteilt: 1 Prozent der Menschen in Deutschland haben 50 Prozent des Geldes, das im Land vorhanden ist. 99 Prozent der Menschen teilen sich die restlichen 50 Prozent. Wir können also vereinfacht sagen, Einer von 100 ist Jäger und darf die Hälfte der Beute behalten. Okay - nochmal - der eine Jäger hat einen halben Hasen zum Essen während 99 andere in der Gruppe von einem halben Hasen satt werden sollen. Da scheint etwas nicht zu stimmen. Das kann nicht funktionieren.

Die einen in unserem Land haben einen Mindestlohn von ungefähr 10 EURO zur Verfügung oder leben von Harz IV, also von etwa 500 EURO im Monat plus eventuell Wohngeld, während ein "Spitzenpolitiker" wie Peer Steinbrück für einen einstündigen Vortrag 15.000 EURO bekommt und dann sagt, das wäre noch zu wenig.

In Deutschland gibt es etwa 100 Milliardäre. Ja, richtig gelesen, nicht Millionäre sondern Milliardäre. Vor ein paar Tagen war ein kurzer Artikel im Internet über die Reichsten Menschen in Deutschland, sozusagen die Rangliste der 10 Reichsten. Die Liste schaue ich mir jedes Jahr an - weil ich glaube, dass das inspiriert. Du erkennst, womit du hier im Land wirklich reich werden kannst. Es sind keine klassischen Jäger dabei, allerdings die Familien um Aldi und Lidl sind schon unter den Top 10. Essen zur Verfügung stellen lohnt sich. Die Porsche Familie und die von BMW sind auch dabei. Die Top 10 haben über 200 Milliarden im Besitz. Wohl gemerkt - durch eigene Ideen, Fleiß und wirtschaftliches Geschick mit den entsprechenden Gesetzen einer Gesellschaft im Rücken.

200 Milliarden EURO verteilt auf 10 einzelne Jäger, wenn Sie so wollen. Wir haben etwa 80 Millionen Menschen im Lande.

Jetzt könnte man doch ausrechnen, wenn wir einfach mal die 200 Milliarden EURO auf alle 80 Millionen Menschen verteilen würden - über welche Summe reden wir dann für jeden Einzelnen im Land? Und wie gesagt: Es ist lediglich das Geld von 10 Jägern, das ist ja praktisch nix im Vergleich zu eriner Gruppe von 80 Millionen Menschen.

Okay - hier kommt die Zahl: 200 Milliarden, das ist eine 2 mit 11 Nullen. 80 Millionen das ist eine 8 mit 7 Nullen. Es bleiben, wenn wir die Nullen rauskürzen 20.000 EURO für 8 Menschen, also 2.500 EURO pro Mensch in Deutschland. Da würden wir unsere Top 10 Jäger also enteignen, damit jeder Einzelne von uns (fürs nixtun) 2.500 Euro einsacken kann.

Das macht die 80 Millionen Menschen ja irgendwie nicht reich. Die Idee, die Top 10 zu berauben, die besten Jäger, die wir haben (und Sie erinnern sich, auf 1 Jäger kommen 99 hungrige Mäuler, das haben wir ja oben schon gesehen), das wäre wirklich dumm.

So funktioniert es eben nicht, sagt auch das Milchmädchen.

Laut Bild-Zeitung gibt es in Deutschland (Bargeld plus Bankvermögen) etwa 4,5 Billionen EURO, das sind 4.500 Milliarden. Wir wissen ja bereits, wer 200 Milliarden von diesen 4.500 Milliarden hat - genau - die Top 10 Jäger im Land.

Die Deutsche Bundesbank sagt, der Durchschnittsdeutsche besitzt 60.400 EURO.

Laut einer Statistik aus dem Jahr 2016 gibt ein Single in Deutschland etwa 1.240 EURO im Monat aus.

Schauen wir uns einmal an, wie lange der Durchschnittssingle mit den 60.400 EURO in der Sonne liegen kann, wenn er pro Monat 1.240 EURO ausgeben möchte, bevor er sich wieder auf die Jagd oder auf den Weg nach Hause machen sollte. Es sind 48,7 Monate, oder etwa 4 Jahre.

Da stellt sich sofort die Frage: Hätten Sie ein Vermögen, mit dem Sie 4 Jahre überleben können um die monatlichen Ausgaben zu decken? Aber das ist eine blöde Frage, denn wenn Sie ein Haus haben, dann soll das ja nach 4 Jahren nicht weg sein und außerdem, wer sagt, daß das Ziel heißt, einfach nur noch in der Sonne zu liegen? Wenn wir wollen, dass es allen Menschen in Deutschland gut geht, dann funktioniert so eine Statistik ja nur sehr begrenzt.

Wenn Sie mich fragen, was wir tun können, um die Situation in Deutschland für alle zu verbessern, dann wären das so meine Gedanken: Wenn ich 2.500 Euro geschenkt bekomme, damit ich zustimme, dass wir unsere Top 10 Jäger enteignen, dann lehne ich das ab. 2.500 EURO machen mich nicht reich und wir verlieren unsere Top 10 Jäger im Land.

Da wir eh zu wenig Jäger haben wäre dieser Verlust nach meinen Berechnungen überhaupt nicht zu rechtfertigen. Das Milchmädchen sagt auch: "Ja, so ist es."

Wenn mir jemand diese 60.400 EURO geben möchte und sagt ich soll damit 4 Jahre in der Sonne liegen und danach ist mein Dach über dem Kopf weg, dann muss ich auch dazu sagen: Diese Lösung lehne ich ebenfalls ab. Ich verzichte auf die 60.400 EURO und die 4 faulen Jahre und möchte lieber selbst jeden Tag meinen kleinen oder großen Beitrag leisten, damit das Leben als Gruppe in Deutschland weiter funktioniert. Dann habe ich auch nach 4 Jahren noch mein Dach über dem Kopf - und das ist sehr viel wert, so lange ich satt gegessen bin und nicht verdursten muss.

Ein letztes Rechenbeispiel, sozusagen zur Kontrolle: Wir verteilen jetzt die 4.500 Milliarden auf die 80 Millionen Menschen im Land, okay? Wie wir wissen bekommt bei 200 Milliarden ein jeder 2.500 Euro, bei 4.500 Milliarden wären es 56.250 EURO. Das kommt in etwa an die 60.400 EURO ran, die aus anderer Quelle stammen. Da wir ja nicht jedes Jahr nochmal gleich viel Vermögen erwirtschaften, würden wir ja auch nicht jedes Jahr diese 50 oder 60 Tausend EURO erhalten. So im Wesentlichen ist es dann schon so: 4 Jahre in der Sonne liegen und wir sind alle bettelarm. Ich meine, das will wirklich keiner.

Wie wir gesehen haben, bringt es dem Einzelnen nicht viel, wenn wir unsere Top 10 Jäger oder auch die Top 100 Jäger enteignen.

Die bessere Lösung wäre sicherlich zu lernen, wie man richtig jagt, oder wie man gute Schuhe oder gute Pfeile macht. Da haben dann wirklich alle etwas davon.

Denken Sie mal darüber nach - und höhere Steuern und Abgaben für die Jäger bringen auch nicht viel, weil die sonst den halben Tag nur noch faul in der Sonne liegen.

Das haben wir jetzt verstanden, oder?

Wie sieht die letzte Religion aus?

Ein Buch sollte ein wenig zum Nachdenken anregen. Den Gehirnmuskel zum Trainieren ermuntern und auch die Seele auf der Gefühlsebene berühren. Ein Buch, das sowohl das Hirn stimuliert und das Herz berührt ist für mich ein gutes Buch.

Es bringt meiner Meinung nach nicht viel, wenn ich Ihnen jetzt vorpredige, wie die letzte Religion auszusehen hat. Besser wäre es doch, wenn Sie selbst, ermuntert zum Nachdenken und Hineinfühlen, die eigenen Erkenntnisse so vervollständigen können, dass Sie voller Vertrauen und in ganz persönlicher Freiheit zu Ihrer eigenen Religion finden, so daß Sie letztlich für sich selber wissen, wie alles einen Sinn für Sie macht.

Wenn wir unser Leben, unsere Existenz als Geschenk betrachten und es verstehen mit unseren ganz persönlichen Talenten und Interessen einen positiven Beitrag zur Gemeinschaft zu leisten, dann haben wir die Chance auf ein gutes Leben hier auf Erden, dann können wir uns selbst auch ein kleines Paradies erschaffen und vielleicht auch unter die Top 1.000.000 der Jäger und Schuster eintreten.

Das Wesentliche ist doch, dass wir in jeder unserer Inkarnationen im Rad der Wiedergeburten erneut den Weg ins Abenteuer antreten und mit Freude und Kreativität am Leben teilnehmen, nach besten Kräften, auf der Suche nach dem Sinn und den geistig-göttlichen Zusammenhängen.

Kreativität ist eine Form des Erschaffens. Wenn wir glauben, den Willen des Schöpfers zu tun, dann werden wir etwas erschaffen, nicht zerstören.

Wir sollten verstehen, dass letztlich alles immer EINS ist. Rassismus und Terrorismus sind ganz dumme Spielwiesen für Menschen, die noch nichts verstanden haben. Ich hatte in meinen früheren Leben schon alle möglichen Hautfarben und Rassenzugehörigkeiten. Mit dem Blick von innen nach außen durch meine eigenen Augen kann ich Ihnen versichern:

Es macht überhaupt keinen Unterschied. Ich sah und sehe immer alle Menschen von außen, nur mich selbst sehe ich von innen heraus. Und ich bin mir sicher, dass es für jeden einzelnen dort draußen ganz genauso ist.

Die Chinesen sagen, China ist das Zentrum der Welt. Ich sage, das ist völlig falsch. Ich bin das Zentrum der Welt. Warum? Weil ich alle anderen von außen sehe, aber mich selbst sehe ich von innen. Und jeder der anderen ist ebenfalls das Zentrum der Welt - von dessen Blickwinkel aus betrachtet. Einen Sinn bekommt das Ganze dann, wenn wir es schaffen, unsere inneren Zentren zu verbinden, um gemeinsam etwas Größeres zu schaffen.

"America first" ist Quatsch aus dem Mund eines Clowns. Wenn ich nach Italien fahre, dann kaufe ich mir Schuhe und T-Shirts, in Frankreich liebe ich es, die Burgen und Schlösser anzuschauen, meine alte Heimat, das Land, in dem ich einmal König war. Ich liebe Irland, wegen der Musik, die mich daran erinnert, wie es war, als wir als Templer auf der Flucht vor unseren Mördern in Irland freundlich aufgenommen wurden und dort eine sichere Zuflucht fanden. Inmitten von Menschen mit einem erfrischenden Humor, einer manchmal rauhen Schale aber doch einem sehr warmen Herzen. Ich liebe den amerikanischen Kontinent, die Steppen und Prärien, die Freiheit des Landes und auch die Unbekümmertheit dort. Der Umgang mit Waffen ist besorgniserregend dort. Indien hatte damals eine faszinierende Kultur, die Ruhe der Meditation und die Musik finden auch heute noch einen gesunden Anklang in meiner Seele. Es gibt so viele verschiedene Länder und Kulturen auf unserem Planeten, es ist eine Vielfalt, wie sie schöner nicht sein könnte. So, wie es Millionen verschiedene Blumen und Blüten gibt, so gibt es auch Billionen und Aberbillionnen Wunder auf unserem Planeten, die wir jeden einzelnen Tag entdecken und erleben können - wenn wir unsere inneren Sensoren dafür öffnen.

Ich habe mich schon durch die Erde gegraben auf der Suche nach den verborgenen Schätzen und bin durch die Lüfte geflogen. Ich habe schon im Schutz der dicken Mauern einer Burg oder eines Palastes gelebt und im kleinen Iglu. Ich habe schon so viele Kirchen besucht, Orte, die von Menschenhand geschaffen wurden, um Gott zu ehren. Ich habe schon selbst an einer Kathedrale gebaut und als Diener Gottes auch schwere Fehler gemacht.

Heute weiß ich um die Macht der eigenen Gedanken und dass es sich lohnt, den persönlichen inneren Frieden zu finden.

Gott IST irgendwo da draußen, Gott ist ÜBERALL dort draußen und vor allem - Gott ist in uns selbst am allermeisten.

Und wenn wir jetzt noch den Namen dieses Gottes, des Schöpfers ersetzen durch Allah, Manitu, Jehova, Ra, Mahita, Kumbala, Zoirok oder Pali, dann haben wir als Menschen eines ganz klar verstanden: Wir haben einen Schöpfer.

Wenn wir alle Namen dieses Schöpfers zu einem einzigen verschmelzen, wenn wir es schaffen, dass alle unsere religiösen Überzeugungen zu einer einzigen Religionen verschmelzen, dann erleben wir Algoma - die letzte Religion.

Dann spüren wir, dass wir geborgen sind, dann sind wir ein Stück weit wieder zu Hause in dieser großartigen Welt, die für uns erschaffen wurde, damit wir sie erleben, damit wir sie lieben, damit wir sie wertschätzen.

Lasst uns versuchen, unsere Religionen auf einen gemeinsamen Nenner zu bringen: Erschaffen und erleben ist besser als im Namen eines Schöpfers zu zerstören oder zu morden. Wenn wir nur das Eine verstanden haben, dass wir MITEINANDER leben sollten, im Einklang mit der Natur, der Welt der Bodenschätze, Pflanzen und Tiere, dann haben wir schon einen großen Schritt in die richtige Richtung getan.

Mit jeder Inkarnation können wir uns unzählige Male entscheiden für einen Weg ins Licht oder einen, der ins Dunkel führt. **Wählen Sie weise!**

Schlusswort

Ein halbes Jahr habe ich an diesem Buch geschrieben. Mit längeren Unterbrechungen. Kreativität ist ein wichtiger Bestandteil meines Lebens. In diesem Buch habe ich viele verrückte Dinge geschrieben, manches mag lustig zu lesen sein, anderes eher nicht. Unser Leben ist ebenfalls ein Cocktail mit den verschiedensten Zutaten. Trinken Sie mit Bedacht und Umsicht und lassen Sie sich bitte nicht von anderen vergiften.

Ja, ich denke schon, dass jeder von uns Menschen die ganz persönliche Freiheit haben und auch nutzen sollte, seine eigene Religion zu finden und zu definieren.

Solange die einen noch von Glauben reden, können andere bereits ein eigenes inneres Wissen gefunden haben. Dort, wo die einen noch mit der Hoffnung leben müssen, haben andere vielleicht schon das Vertrauen gefunden. Und letztlich - auch was die Liebe angeht - finden Sie bitte selbst heraus, was Liebe für Sie ist und dann nutzen Sie Ihre ganz persönliche Freiheit, um diese Liebe erblühen zu lassen.

Liebe ist. In Ihnen. Alles andere ist eine Illusion.

Danke für Ihr Interesse an diesem Buch. Sie sind ein Engel - zumindestens für mich und meine kleine Welt.

Die Chinesen sagen: "Eine Minute Lachen verlängert das Leben um eine Stunde." Vielleicht konnten Sie ja auch das ein oder andere Mal bei der Lektüre dieses Buches ein wenig lachen. Falls ja - nutzen Sie bitte diese Stunde für etwas, was Ihnen wirklich am Herzen liegt. Was es ist, ist ganz egal - es ist Ihre Stunde. Sie haben immerhin dafür gelesen. Warten Sie bitte nur nicht bis es für Sie zur letzten Stunde geschlagen hat. Das wäre doch allzu schade. Wenn Sie etwas wirklich Gutes für sich selber tun möchten, dann tun Sie es bitte so bald als möglich. Sie sollten es sich wert sein!

Ihr Dieter Heri Mader Kipfenberg, 9.10.2018

Literaturhinweis:

Dieter Heri Mader

Der Weg ins Licht

ISBN-13: 978-3-944700-04-5

Der Autor Dieter Heri Mader arbeitet seit 2001 mit geistig-energetischen Heilmethoden und mit anderen Techniken der Lichtarbeit sowie der Magie des neuen Jahrtausends.

Ein besonderer Schwerpunkt seiner Arbeit liegt im Bereich der Spukerscheinungen und Poltergeister. Er kommuniziert mit den Seelen der Verstorbenen und hilft Menschen und Geistern aus problematischen Situationen.

In diesem Buch schreibt er über das Leben und Sterben, den Tod, die Wiedergeburt und seltsame Phänomene. Er lässt die Leser dabei an seinen bisherigen Abenteuern als "Geisterjäger" teilhaben. Ohne jedes Tabu spricht er erstmals auch absolut offen über die dunkelsten Erfahrungen seiner Laufbahn als Lichtarbeiter und gewährt den Lesern einen tiefen Einblick in seine Arbeit mit geistigen Methoden.

Der Weg ins Licht ist ein Buch, das mit einem gesunden Humor ein erfrischendes Bild der Welt zeichnet, das den Menschen helfen kann, aus Hoffnung Vertrauen werden zu lassen.